Heibonsha Library

[増補]装束の日本史

平凡社ライブラリー

Heibonsha Library

［増補］

装束の日本史

有識故実の基礎知識

近藤好和

平凡社

本著作は『装束の日本史——平安貴族は何を着ていたのか』（平凡社新書、二〇〇七年）を増補したものです。

目次

作画＝脇田悦朗

序章　装束の重要性

装束は歴史理解の手掛かりである

「余の装束、ひへぎの下襲《したがさね》、同半臂《はんぴ》、浮文表袴《うきもんのうえのはかま》、表袴裏打《うらうち》、衵《あこめ》・単衣《ひとえのきぬ》、皆紅色、釼《たち》は年来《としごろ》故殿《ことの》（藤原師実《もろざね》）・宇治殿（藤原頼通《よりみち》）着さしめ給ふ御釼、平緒《ひらお》は紫緂《むらさきたん》の平緒、同じく故殿着さしめ給ふ、孔雀《くじやく》を縫ふ」。

これは藤原忠実《ただざね》の日記である『殿暦《でんりやく》』長治《ちようじ》元年（一一〇四）四月十七日条の一節である。原文では、この記事の前半部分はおもに片仮名で記され、後半部分は漢文で記されているが、わかりやすく片仮名部分は漢字に改め、漢文の部分は読み下しとした。

この記事は、その日、忠実が着用した束帯《そくたい》とよぶ男子の正式装束の具体的な内容を記したものである。しかし、この記事の内容をすぐに正確に解釈できる人は日本史や日本文学の研究者でもそう多くはいないであろう。

事実、この本文は、東京大学史料編纂所が編集した『大日本古記録』という刊本をもとに引用しているが、『大日本古記録』では「表袴裏打、衵・単衣」の部分を「表袴裏、打衵《うちあこめ》・単衣」と解釈している。たしかに「打衵」とよぶ装束の下着は存在する。しかし、「打」に「衵」を続けてしまっては、その前の「表袴裏」の意味が通じない。「打」は「表袴裏」に続けなければならない。「表袴裏打」で、表袴の裏地は「打《うち》」という処置を施した生地であるという意味となる。

こうした文献の装束描写は、漢文表記・仮名表記にかかわらず、時に誤った解釈がなされたり、解釈が曖昧だったたり、解釈されないといったこともある。こうした傾向は日本史側に強い。

しかし、装束描写からは、その装束を着用している人の身分・職掌・家柄・年齢などの人となりがわかるし、また季節などもわかる。

冒頭の記事では、「下襲」「半臂」「表袴」からその装束は束帯。「ひへぎの下襲、同半臂」から季節は夏（装束では旧暦四〜九月が夏）。着用者の身分は、「浮文表袴」から公卿《くぎょう》か禁色勅許《きんじきちょっきょ》の殿上人《てんじょうびと》で、そのうち「釼」から帯剣勅授《たいけんちょくじゅ》の公卿であることがわかる。

もっともこの記事は本人が書いた記録であるが、文学作品では、装束描写で登場人物の人となりや状況を表現する場合がある。

たとえば『平家物語』によれば、治承《じしょう》元年（一一七七）に反平氏分子が平氏打倒の陰謀を企てた鹿《しし》ヶ谷《がたに》事件で興奮する平清盛《きよもり》に対し、子息の重盛《しげもり》が「烏帽子《えぼし》直衣《のうし》に大文《だいもん》の指貫《さしぬき》」で教訓に向かったという。直衣という装束に、大きい文様が点々と入った大文の指貫という袴を着用しているということだが、「大文の指貫」とは簡単にいうと大人の指貫である。つまり「大文の指貫」で、重盛が落ちついた大人であることを表現している。

そうした重要な意味合いを読み取らなければ、作者の意図は台無しであろう。装束描写も、難しい、煩わしいと毛嫌いせず、他の部分と同様に正しく解釈することが重要である。また、肖像画や絵巻物などの絵画や木像を正しく理解するためにも、装束の知識は必要である。

装束は実用品である

そうした意味で本書は、有識故実《ゆうしよくこじつ》（有職故実《ゆうそくこじつ》）で取り扱ってきた装束の世界をわかりやすく解説するものである。本書を読んでいただくことによって、装束の基礎はわかっていただけるであろう。本書が重視したいのは次のような視点である。

まず装束は実用品であるという視点である。つまり装束は飾って鑑賞するものではなく、着用するものである。しごく当たり前のことであろう。

装束は被《かぶ》り物《もの》・肌着・下着・上着・装身具・持ち物・履物《はきもの》などから構成されている。装束を実用品として考えるためには、そうした各装束ごとの構成要素の相違、各構成要素の構造や様式、そして着用順といった点をよく理解しなければならない。

とりわけ着用順は重要である。装束の概説書では装束を上着から解説することが多い。つまり上着から下着・肌着へと脱いでいく順番で解説していくわけである。しかし、それでは着用方法はわかりにくい。着用方法を理解するためには、実際の着用順と同じ順番で肌着から解説するほうがわかりやすいであろう。したがって、本書ではどの装束でも着用順に構成要素を列挙し、その順で解説する。

装束は身分の標識である

装束というと、「雅《みや》び」という言葉を連想する読者が多いであろう。事実、装束の概説書ではその言葉がよく使われ、書名にも使われていることが多い。また特に文学作品にはそうした表現が実際に出てくるし、公家装束にはそうした面があるのもたしかである。とりわけ公家女子装束には「雅び」という言葉が当てはまる。

しかし、「雅び」という美的感覚だけで装束を理解してしまうのは大きな間違いであり、装束の本質を見失う。本書では、装束を「雅び」といった美的感覚ではみない。

では装束の本質とは何か。それは身分の標識である。装束は前近代の厳しい身分制社会を反映して、それぞれの身分規定のなかで許されたものを着用しているのであり、現在のようにファッションで好き勝手なものを着用しているのではない。本書ではこの点を特に強調したい。

装束で身分をもっとも表すのは、各構成要素の①材質、②色、③文様である。身分に応じてそれらが異なっているからである。本書でもこの三点に重点をおいて解説する。

装束が身分の標識であるという視点は、装束が実用品であるという視点に直結する。実際に着用するから、着用者の身分が問題になるのである。着用者不在で鑑賞するだけならば、身分は問題にならないであろう。

有識故実と「歴史的モノ資料」の視点

じつは装束に対するこうした視点は、まさに有識故実の視点である。次章でふれるように、本来的に実践の知識であった有識故実では、装束は着用できるものでなければならないし、身分をはじめとする様々な条件に応じて、どのような装束を着用するか、同じ装束ならば個々の構成要素をどうするかを判断することこそ、まさに有識故実だからである。

この視点を言い換えると、装束を美術品としてではなく、現代感覚を排して「歴史的モノ資料」としてみる視点ともいえる。装束を「歴史的モノ資料」としてみる場合、その時代的変遷も重要になってくる。名称が同じであっても、それに対応する構造や様式は時代によって変化するのがふつうだからである。

特に公家装束では、十二世紀の院政期には強装束《こわしょうぞく》という新しい様式が成立・流行する。以後の装束は、時代によっていくつかの変化はあったが、強装束様式を基礎として推移する。強装束様式は当然のこととしてそれ以前の様式である柔装束《なえしょうぞく》とは異なっており、強装束様式で柔装束を考えることはできない。各時代の様式の相違を見極めることが、「歴史的モノ資料」として装束をみるためには重要である。本書でも、強装束化を中心とする装束の時代的変遷に努めて目を向ける。

本書の構成

次に各章ごとにその要点をまとめてみよう。

第一章　本章では、装束の問題にからめながら有識故実の歴史を追う。具体的には有識故実とは何かを考え、それが成立する前提となった日本の律令制の変遷と、そこから九世紀末以降の摂関期に成立した有識故実の歴史を明治時代まで簡潔に追う。装束（特に公家装束）の歴史は、有識故実の歴史と軌を一にする点を理解していただきたい。

第二章　本章から装束の具体像に入る。まずは装束史の原点となった衣服令《いぶくりょう》とよぶ律令の規定内容と天皇装束の原点となった嵯峨《さが》天皇の弘仁《こうにん》十一年（八二〇）の詔《みことのり》を検討する。ついで公家男子装束のうち、朝廷出仕時つまり参内《さんだい》（参朝《さんちょう》とも）時に着用しなければならない正式装束である束帯を解説する。

束帯は衣服令に規定された朝服《ちょうふく》という公服《こうふく》が和様化して成立した。そのために、装束のなかでもっとも身分規定が厳しく、同時に構成要素がもっとも複雑な装束である。そうした束帯の構成要素のうち、本章では、被り物と肌着、そして、束帯の構成要素のうちで身分規定がもっとも厳しい下着と上着を着用順に解説する。

そのなかで束帯に限らず、装束全体を考えるための基礎事項を同時に解説する。そこには身分制の問題も当然含まれる。律令制本来の身分制は位階《いかいせい》制というものであるが、摂関期には、位階制を基礎に新しい身分秩序が成立した。公家装束における身分は、両者に基づくものであるが、特に束帯の身分は両者を併用したものである。具体的には下着は新しい身分秩序に基づき、上着は本来の位階制に基づくものである。束帯における身分は、このような二重構造となっている点に特に注目していただきたい。そのキーワードは禁色《きんじき》である。

第三章　束帯の構成要素のうち装身具・持ち物・履物、さらに束帯で佩帯《はいたい》する武具を解説する。これらの構成要素にも身分規定があり、束帯がまさに身分の標識であることを示している。

また、束帯で佩帯する武具は儀仗《ぎじょう》を基本とする。儀仗とは威儀用・儀式用の武具のことで、摂関期には、実用の役には立たない文字通りの儀仗が成立し、それが束帯で佩帯する武具となる。武具というと兵仗《ひょうじょう》つまり実戦用武具だけを連想する読者が多いであろう。しかし、武具には兵仗だけではなく、儀仗もある点に注目していただきたい。

第四章　束帯以外の公家男子装束と武家装束、つまり男子の俗体《ぞくたい》装束をまとめて解説する。本章以降は、ここまで解説した基礎事項を理解していただいたという前提で記述を進める。

束帯以外の公家男子装束には、布袴《ほうこ》や衣冠《いかん》などの公服と、直衣《のうし》・小直衣《このうし》・狩衣《かりぎぬ》・水干《すいかん》などの私服がある。これらの装束は束帯とは様々な面で相違するが、構成上でもっとも大きくかつわかりやすい相違点は袴である。つまり束帯は表袴《うえのはかま》というズボン状の袴を着用するのに対し、これらの装束ではいずれも指貫などの裾に裾括《すそくくり》とよぶ括紐《くくりひも》が入っている袴を着用する。

また、使用の面ではこれらの公家装束は、公服である布袴や衣冠でも原則的に参内はできなかった。もっとも直衣は、天皇の許可である勅許《ちょっきょ》を得れば日常の参内は可能であった。その点は摂関期に成立した新しい身分秩序と関わってくる。また衣冠は、本来は宿直《とのい》（宮中での宿直勤務）での装束だが、鎌倉時代以降、特に室町時代には束帯に替わって日常参内装束となる。この点は装束の時代的変遷と関わってくる。ここでは束帯との相違や、各公家装束の相違について理解していただきたい。

武家装束には、公家装束から導入した狩衣や水干と、庶民の労働着から成立した直垂《ひたたれ》がある。特に中心的装束は直垂であり、武家装束にはほかに大紋《だいもん》・素襖《すおう》・肩衣《かたぎぬ》があるが、構成を含めていずれも直垂の延長で考えられる。武家装束の歴史は、いわば直垂の変遷過程の歴史ともいえる。

また武家装束には材質・色・文様などの身分規定は原則としてない。そこで、公家が束帯という同一装束で上着や下着の材質・色・文様などで身分区別をしたのに対し、装束の種類で身分を区別した。特に江戸時代の武家の恒例《ごうれい》の晴儀《せいぎ》では、身分ごとに細かく装束の種類を変えた。この点、公家と武家の相違点として興味深いところである。

第五章　公家女子装束を解説する。公家女子の正装は女房装束《にょうぼうしょうぞく》とよぶ。束帯と同様にこれも朝服が和様化して摂関期に成立した。しかし、束帯とは異なり、身分の標識としての意味が薄れてしまった装束である。この女房装束をはじめとする公家女子装束は、公家男子装束に比べれば単純な装束である。

というのも、公家男子装束は原則的に各装束で構成要素が異なるが、公家女子装束はどの装束でも下着は同様であり、それを重袿《かさねうちき》とよぶ。同時に重袿は公家女子の私服でもあり、その上に着用する着衣で種類が分かれ、その種類はごく限られていた。また、女房装束では、重袿の上に着衣を重ねるごとに装束の性格が変わった。公家女子装束には「雅び」という言葉が当てはまるといったが、「雅び」という側面を考えるよりも前に、こうした女子装束の男子装束とは異なる性格に注目していただきたい。

なお、女房装束を現在では十二単《じゅうにひとえ》とよぶ。しかし、これは戦国時代頃からの誤解に基づく名称である。本書では女房装束に対して十二単の名称は使用しない。また、公家女子装束は原則として室内装束である。そこで外出時には外出用の特別の着用法や着用具がある。その点についても解説する。

また、武家女子の着衣は現在の和装につながるが、装束の範疇外と考える。そこで公家女子装束の解説のなかで関連してふれるにとどめる。

第六章　法体装束を解説する。法体装束は、男子法体つまり出家・剃髪《ていはつ》者の装束である。法体には、出家・剃髪後に寺院に入り、僧侶として仏道修行に励む正道《しょうどう》法師と、出家・剃髪後も俗人生活を続ける入道《にゅうどう》の両方がいるが、法体装束は正道法師・入道のどちらもが着用し、また、宗派とも無関係である。逆にいわゆる鎌倉新仏教と総称する各宗派のうち時宗《じしゅう》や禅宗などには宗派独自の法衣があり、法体装束との共通性はあるものの、これらは法体装束には含めない。

法体装束には、正装の順に法服《ほうふく》・鈍色《どんじき》・裘代《きゅうたい》・付衣《つけごろも》・衣袴《ころもばかま》・直綴《じきとつ》などの種類があるが、直綴をのぞく法体装束は摂関期に成立する。やはり公服と私服の区別があり、束帯ほどの厳格さはないが、特に正道法師の場合はその身分にも関わる装束である。さらに肌着・下着は公家男子装束と共通する部分があるなど、公家男子装束の延長で考えられる装束である。

一方、各法体装束に共通する公家男子装束と異なる点は、まず剃髪しているために、いずれの法体装束にも被り物がない点がある。また、各装束に共通する法体装束特有の装身具や持ち物として袈裟《けさ》と念珠《ねんず》があり、袈裟にも様々な種類がある。こうした法体装束の公家男子装束との共通点や相違点について注目していただきたい。

終章　最後に本書の内容のまとめとして、律令制以来の装束と天皇制の関わりを見通し、また装束の伝統は現在でも命脈を保っていることを紹介する。

第一章　有識故実の歴史

一　有識故実とは何か

「有識故実」という言葉

有識故実は、現在では「有職故実」と書き、「ゆうそくこじつ」と読む。しかし、かつては有識故実も有職故実もともに「ゆうしょくこじつ」と読み、「ゆうそここじつ」などとも読んだ。また故実も「こしつ」と濁らずに読むこともあった。本書では「有識故実」を用い、「ゆうしょくこじつ」と読むことにしたい。

さて、この有識故実（有職故実）という言葉は、高校日本史の教科書でも鎌倉文化のところにでてくるのだが、多くの読者が聞いたこともないというであろう。日本史や日本文学の専門の研究者でも、有識故実が何であるかを的確に答えられる人はまずいないであろう。まずは有識故実とは何であるかを簡単にまとめてみたい。

有識故実は、有識と故実のふたつの言葉を組み合わせた用語である。有識の意味は、現在同様に知識を持つ、あるいは有識者つまり知識を持っている人という意味である。ただし、有識故実の知識は、故実に関する知識であり、故実に関する知識を多く持つ、あるいは持っている人が有識である。では故実とは何か。故実とはひとつの行動を起こす際の規範のことであり、現代的にいえばマニュアルである。

有識故実は公家故実と武家故実に大別できる。このうち公家故実は摂関期に成立する。つまり本来的に有識故実といえば、公家故実のことである。ところが、鎌倉幕府が成立すると新たに武家故実が成立。そこでそれと区別するために、公家故実という用語も生まれた。当然ながら公家故実と武家故実では、故実を必要とする行動が相違する。

呉音《ごおん》と漢音《かんおん》

ところで、鎌倉時代以降、有識故実は有職故実と書き、現在におよぶ。この変化は有識と有職の音読の問題で、「職」という漢字自体には意味はないらしい。

漢字の音読には呉音と漢音がある。呉音は唐代以前（七世紀以前）の古い漢字の発音、漢音は唐代（六一八〜九〇七）に完成された新しい発音である。日本への漢字の伝来は五世紀頃と考えられるから、唐建国以前であり、最初に日本に入ってきた発音は呉音である。また、中国に仏教が伝来したのも唐建国以前のため、仏教用語は基本的に呉音で読む。たとえば仏教修行を表す「勤行」は「ごんぎょう」と読むが、これは呉音であり、漢音では「きんこう」である。

識と職は呉音ではともに「しき」、漢音では「しょく」と読む。知識は「ちしき」と呉音で読むが、それは徳の高い僧侶を指す「善知識《ぜんちしき》」という仏教用語からきているからである。これに対し、有識は漢音では「ゆうしょく」であり、「しょく」という音の共通性から有職と書かれるようになったらしい。だから、有職故実という表記では有識故実の本来の意味はわからない。

公家故実とは

まず公家故実から解説する。公家故実で故実の知識を必要とする行動の主体は公事《くじ》である。公事とは、摂関期以降の天皇や朝廷に関わる儀礼や政務の総称である。公事には、毎年決まった日時に行う恒例公事と不定期に行う臨時公事があり、前者は年中行事ともよぶ。摂関期以降の天皇以下の公家にとっては、この公事を恙なく執り行うことがなによりも重要であった。そのための規範こそが公家故実である。

なお、公事の内容は、初代関白《かんぱく》である藤原基経《もとつね》が仁和《にんな》元年（八八五）に朝廷に献上したという『年中行事御障子《みしょうじ》』（年中行事が順に書き列ねられた衝立障子《ついたてしょうじ》）に記された内容を基本とする。

公事を行うためには、日時や場所、場所の敷設、参加者の身分・職掌・装束、さらに座作《ざさ》進退《しんたい》（たちいふるまい）などのすべてに故実が必要となる。公事と考えると難しいが、たとえば学校ならば入学式や卒業式、人生の通過儀礼ならば結婚式や葬式などを考えればわかりやすい。現在の「〜式」といわれる行事も、何かしらのマニュアル（故実）に則《のっと》って行われている。こうした身近な行事を公事に置き換えて考えればいいわけである。

公家故実は、簡単にいえば「公事のマニュアル」であり、きわめて政治的な実践の知識である。

武家故実とは

武家故実は弓馬軍陣《きゅうばぐんじん》故実と柳営《りゅうえい》故実からなる。

弓馬軍陣故実は、武士の本分とする軍陣（武具・武装・戦闘）や武芸などに関する故実である。その源流は、公家故実のなかの武官《ぶかん》故実の影響を受けつつ、平安時代から存在する。著名なのは、十世紀の承平《しょうへい》の乱で平将門《まさかど》を討ったことで有名な藤原秀郷《ひでさと》による（秀郷に仮託した）秀郷流故実である。

ちなみに武官と武士は異なる存在である。武官というのは、律令官人のうちで職掌として武具を佩帯《はいたい》する官人のことで、律令制では武官以外の官人を文官《もんかん》とよぶ。平安時代以降は、中央の六衛府《ろくえふ》（左《さ》右近衛《ゆうこのえ》・左《さ》右兵衛《ゆうひょうえ》・左《さ》右衛門《ゆうえもん》）に所属している衛府官《えふかん》が、武官の中心的な存在である。

これに対し、武士は十世紀に成立し、武をもって朝廷や国衙《こくが》（地方諸国の役所）に仕える存在である。武官同様だが、武士は武官のように朝廷から任命される官人ではなく、「家を継ぎたる兵《つわもの》」という血筋に基づき、社会が認定する存在である。

そのため、成立当初の武士は必ずしも武官には任命されず、受領《ずりょう》（国司）などを含めた文官に任命されることも多い。それが院政期以降は多くの武士が武官に任命されるようになる。

柳営故実とは

柳営故実は鎌倉幕府が成立してからの故実である。柳営とは幕府のこと。幕府内での儀礼や座作進退に対する故実が柳営故実である。柳営故実は、室町時代には幕府が京都にあった関係で公家故実と融合。江戸時代には礼法《れいほう》となる。日本の伝統的な礼儀作法といわれているものには、じつは柳営故実にそのルーツをたどれるものが多い。

武家故実はどちらの故実も実践の知識である。その点では公家故実と同様である。つまり有識故実とは本来は実践の知識である。

古典理解の有識故実

ところが、有識故実には公家故実・武家故実とは別のもうひとつの流れがあった。古典理解という流れである。古典とは『源氏物語』を中心とした平安文学のことである。

この有識故実は実践の知識ではなく、学問研究であり、現在の日本史学での考証や日本文学での古典註釈に直接つながるものである。こうした動きは院政期からすでにその萌芽がみられたが、さかんになるのは鎌倉時代以降である。つまり有識故実の流れのなかで最後に成立した。

古典理解の有識故実が成立した背景は、平安時代から鎌倉時代への推移のなかで、様々な事柄が名称は同様でも実態（構造や様式）に変化がおこり、名称と実態の対応関係に混乱を生じたからである。

具体的な事例をあげると、たとえば束帯の場合、各時代ごとで外見的にはそれほど大差はないが、個々の構成要素でみると、強装束以降は大きく変化する。そこで鎌倉時代の束帯の理解で平安文学に出てくる束帯を正しくとらえることができなくなった。

こうした流れは束帯に限らず、様々な事柄でおこった。そこで古典を正しく理解するために、変化した様々な事柄の平安時代の実態を考証する必要が生じた。そこに古典理解という有識故実の新しい流れが成立したのである。

古典理解の有識故実と公家故実の関係

もっとも古典理解の有識故実も根底は公家故実と同様である。というのも、公家故実では先例・故実を、古典理解は平安時代の実態を知るために、どちらもかつて記された様々な文献を検索するという行為は同様だからである。

公家故実では検索の成果を公事の実践に反映させるのに対し、古典理解では検索の成果を書物に記した。つまり両者は、検索成果の公表方法の相違にすぎない。また、公家故実でも検索成果を書き留めることもあり、そうなれば結局両者は同様である。

以上のように、有識故実には公家故実・武家故実・古典理解という三つの大きな流れがある。そのうち装束の変遷と密接に関わるのは公家故実である。つぎに公家故実の歴史を概略する。なお、以下で有識故実といえば公家故実のこととする。

二　有識故実はいつどのように成立したのか

律令制の導入と展開

一口でいえば、有識故実は律令制から摂関制という政治体制の変質のなかで成立した。律令制とは、中国の隋《ずい》（五八一～六一八）・唐で発達・完成した、皇帝を頂点とする中央集権的官僚機構のことである。律令制ではこの官僚機構のことを太政官制《だじょうかんせい》とよぶ。太政官制では、諸法典のもとで文書による行政が行われた。

大化《たいか》元年（六四五）の乙巳《いっし》の変以来、日本でも律令制の導入が開始される。その後、七世紀後半の天武《てんむ》天皇とその皇后である持統《じとう》天皇による基礎固めの時代を経て、大宝《たいほう》元年（七〇一）に『大宝律令』、養老《ようろう》二年（七一八）にその修正版である『養老律令』が制定される（『養老律令』は天平宝字《てんぴょうほうじ》元年〈七五七〉施行）。律令とは律令制における根本法典。現在の法律でいえば、律は刑法、令は民法や行政法などに相当する。この律令のうち、律令官人が公務時に着用すべき公服についての規定が衣服令であり、衣服令は装束史の原点となる。

格《きゃく》の集成と式《しき》の編纂

現在でも憲法だけでは国家機能や行政が成り立たないように、律令制でも律令以外の複数の法典が必要であった。しかし、それが整備されるのは、嵯峨天皇の弘仁年間（八一〇～八二四）、つまり平安時代に入ってからである。この時代に『大宝律令』以降の追加法令である格の集成（『弘仁格』）や、実際に律令制を運営するための施行細則《しこうさいそく》（細かい取り決め）である式（『弘仁式』）が編纂された。

国家儀礼の唐風化と儀式《ぎしき》の編纂

また、律令国家では、官僚機構内での天皇と臣下の君臣関係や臣下間の身分格差を認識させる目的で、様々な国家儀礼が行われた。嵯峨天皇の時代には、弘仁九年（八一八）にこの国家儀礼に唐の儀礼体系である唐礼《とうれい》が取り入れられ、天皇制と国家儀礼の唐風化が図られた。同時に嵯峨天皇の時代には、国家儀礼の施行細則として儀式が編纂された。この時代の儀式には、弘仁九年の唐礼導入以前に成立という『内裏儀式《だいりぎしき》』と、唐礼導入後の弘仁十二年（八二一）成立の『内裏式《だいりしき》』がある。『内裏式』は以後の国家儀礼の規範となる。ここに律令のほかに格・式・儀式という諸法典が整備され、日本の律令官僚機構が一応の完成をみる。

なお、現在、儀式といえばセレモニー自体を指す。それも間違いではないが、厳密には儀式は律令法典の名称であり、儀（儀礼）のための式（施行細則）の意である。本書では、儀式はこの本来の意味で用い、セレモニーは儀礼とよぶ。

その後、格の集成、式・儀式の編纂は、清和《せいわ》天皇の貞観《じょうがん》年間（八五九～八七七）や醍醐《だいご》天皇の延喜《えんぎ》年間（九〇一～九二三）にも行われ、また、『養老令』の註釈書である公選（勅撰）の『令義解《りょうのぎげ》』や惟宗直本《これむねのなおもと》の『令集解《りょうのしゅうげ》』が編纂された。

天皇装束の原点となる弘仁十一年の詔

ところで、日本の律令には天皇・皇后に対する規定はない。そのうち天皇・皇后の公服については、『日本紀略《にほんきりやく》』弘仁十一年二月甲戌《こうじゅつ》（二日）条記載の嵯峨天皇の詔（以下、弘仁十一年詔）で規定された。また、この詔で衣服令に規定のある皇太子の公服も改定された。以後の天皇・皇后・皇太子の装束史の原点はこの弘仁十一年詔にある。この詔で規定された天皇以下の公服はきわめて大陸風の着衣であり、この詔も天皇制唐風化の一環といえる。

律令制の変質と摂関制への移行

その一方で、天安《てんあん》二年（八五八）には清和天皇という日本最初の幼帝《ようてい》（未成年天皇）が即位。それに伴って藤原良房《よしふさ》が臣下初の摂政《せっしょう》となり（それまでも皇族摂政は存在）、光孝《こうこう》天皇の元慶《がんぎょう》八年（八八四）には、藤原基経（良房養子）が実質的な関白になるなど、様々な面で律令官僚機構は変質していく。そして、宇多《うだ》天皇の寛平《かんぴょう》年間（八八九〜八九八）についに摂関制へと移行する。

摂関制は、天皇外戚（皇后側親族）を主体とする摂政・関白（合わせて摂関）のもと、天皇との私的（ミウチ）関係を構成原理とする政治体制である。律令官僚機構の枠組はあくまで残っていたが、摂関のほかに蔵人《くろうど》などの宣旨職《せんじしょく》が重視された。宣旨とは勅命《ちょくめい》（天皇の命令）を簡略に伝えるための文書形式。平安時代に成立した。その宣旨で任命される官職が宣旨職である。つぎに宣旨職について解説する。

摂政と関白は何が違うのか

まず摂政と関白。両者の違いは、摂政は幼帝時の天皇大権の代行者、関白は成人天皇に奏上・奏下される国務事項に関する文書を内覧《ないらん》（事前に閲覧すること）できる権限を持ち、天皇が裁決時に意見を述べることができる相談役である。

ただし、良房・基経の当初からこうした区別が明確であったわけではなく、幼帝時は摂政、天皇成人後は関白とする慣例が成立するのは、朱雀《すざく》天皇の摂政である藤原忠平《ただひら》（基経子息）が天皇元服後に関白になってからである。また、良房・基経以降すぐに摂関が常置されたわけではなく、摂関の常置は藤原実頼《さねより》（忠平子息）が冷泉《れいぜい》天皇の関白になってからである。以降は良房・基経の子孫が摂関を世襲し、その家系を摂関家《せつかんけ》とよぶ。摂関家は鎌倉時代には近《この》衛《え》・九条《くじょう》・一条《いちじょう》・二条《にじょう》・鷹司《たかつかさ》の五摂家《ごせっけ》に分派する。

律令制を変質させた蔵人と蔵人所《くろうどどころ》

つぎに蔵人。蔵人は弘仁元年（八一〇）に設置。ただし、その名称は奈良時代にすでにみえ、その名の通り、朝廷内諸蔵の出納・管理を職掌としたらしい。これに対し、嵯峨天皇が設置した蔵人は、天皇に近侍して朝廷の機密文書を取り扱った。その役所を蔵人所とよぶ。その後、蔵人は天皇の秘書官的存在となり、『蔵人式』とよぶ蔵人に関する法典も成立。蔵人所が整備され、太政官管轄下の律令官司とは別に、「〜所」とよぶ蔵人所管轄下の複数の役所も成立。摂関期以降の内廷（天皇家政）に関わる諸事全般を取り仕切る強力な機関となる。

蔵人所は律令制を変質させた象徴的な機関である。

蔵人所長官である別当《べっとう》は公卿（後述）が務めた。しかし、実務官としては蔵人頭《くろうどのとう》が蔵人筆頭であり、太政官の実務官人である中弁《ちゅうべん》を兼ねる頭弁《とうのべん》と、天皇身辺を警固する近衛府の武官である中将を兼ねる頭中将《とうのちゅうじょう》の二頭体制である。蔵人頭の位階《いかい》は四位であり、この蔵人頭のもとに五位蔵人と六位蔵人がいた。

摂関・蔵人は令外官《りょうげのかん》

摂関や蔵人は、いずれも『養老令』以後に設置された官職であり、これを令外官と総称する。ただし、令外官はほかにも内大臣《ないだいじん》・中納言《ちゅうなごん》・参議《さんぎ》をはじめ複数あり、そのすべてが宣旨職ではない。宣旨職に対し、本来の律令官職を除目職《じもくしょく》とよぶ。律令官職は除目という天皇御前での会議で決定されるからである。令外官も除目職が原則である。

律令身分制の基礎となる位階制《いかいせい》

律令身分制の基礎となるのが位階制である。位階制では、まず皇族のうち親王（天皇子弟）・内親王（天皇女性子弟）には、一品《いっぽん》から四品《しほん》までの四階級の品位《ほんい》が与えられた。また、王・女王（親王・内親王子孫）や男・女臣下には位階が与えられ、それで序列された。

位階は、叙位儀《じょいぎ》とよぶ天皇御前での会議で決定する。除目職はこの位階に基づき、原則として各位階に相当する官職に任命される。これを官位相当制《かんいそうとうせい》とよぶ。ただし、朝廷内に職掌を持っていても、位階を持たない無位《むい》も存在する。また、位階だけで官職のない者は散位《さんい》とよぶ。

位階は、王・女王には一位〜五位、男女臣下には一位〜初位《そい》（九位）が与えられる。ただし、単純に五階級・九階級ではなく、王・女王・臣下ともに、一位〜八位は各位で正《しょう》・従《じゅ》、初位は大・少に分かれる。さらに四位〜初位は、正・従、大・少それぞれで上・下に分かれた。つまり一位〜三位は各位二階級で全六階級、四位〜初位は各位四階級で全二十四階級となり、合計で王・女王は全十四階級、臣下は全三十階級となる。

このうち五位（従五位下）と六位（正六位上）の間には、待遇面などで大きな身分格差がある。また、三位以上を貴《き》、四位・五位を通貴《つうき》と総称し、五位以上が貴族である。貧富とは無関係である。はじめて五位になることを叙爵《じょしゃく》といい、律令官人達はまず叙爵を目指した。

昇殿制《しょうでんせい》と新たな身分秩序の形成

ところが、摂関期には位階制を基礎に、嵯峨天皇の時代に成立し、摂関期に整備された昇殿制という制度のもとで、公卿・殿上人・諸大夫《しょだいぶ》という新たな身分秩序が形成される。同時に摂関期には、女子への叙位は限定的となり、さらに七位以下は実質消滅。六位が最下位の位階となる。

公卿という身分

公卿は一位〜三位の位階を持ち、官職は、摂政・関白・太政大臣《だいじょうだいじん》（「だじょうだいじん」とも）・左大臣《さだいじん》・右大臣《うだいじん》・内大臣・大納言《だいなごん》・中納言・左近衛《さこのえ》大将・右近衛《うこのえ》大将などである。さらに四位のうち参議の官職を持つ者が加わる。

このうち摂関は天皇側であり、太政大臣は常置ではなく「則闕官《そっけつのかん》」とよび適任者がいなければ空位となる。成立当初の摂関は、太政大臣の兼任として任命された。そこで常置の公卿筆頭は左大臣であり、一上《いちのしょう》や一人《いちのひと》ともよばれ、公事でその責任者である上卿《しょうけい》、公事によっては内弁《ないべん》となる。

陣定《じんのさだめ》と御前定《ごぜんさだめ》

公卿は天皇直属の太政官の構成員であり、国政審議官として、陣定や御前定に参加する。陣定は、摂関期以降の国政審議のための公卿会議であり、平安宮内裏の正殿である紫宸殿《ししんでん》の東北廊南面にある左近衛府の陣（詰所）で行われた。そこで陣定とよぶ。

陣定では参加公卿が下位者から意見を述べ、その意見をまとめて、内裏での天皇御在所である清涼殿《せいりょうでん》の天皇に奏上。天皇自身が裁決した。この陣定に摂関は参加しない。摂政は直盧《じきろ》（摂関などに天皇から内裏内に付与される執務室）で幼帝に替わって裁決し、関白は天皇側で天皇の裁決に意見を述べることができた。より重要な案件は、清涼殿の天皇御前で審議する。これが御前定である。参議とはこうした公卿会議参加資格者の意である。なお、位階としては公卿だが、官職がなく公卿会議に参加できない者もいた。つまり散位の公卿であり、これを非参議《ひさんぎ》とよぶ。

殿上人と諸大夫の分離

殿上人と諸大夫は、昇殿制の成立に伴って成立した新たな身分である。つまり昇殿制の成立により、四位・五位の位階を持つ官人達が、昇殿を勅許される昇殿勅許者と勅許されない昇殿不勅許者に分かれた。四位・五位のうち昇殿勅許者が殿上人、昇殿不勅許者が諸大夫である。

諸大夫の下に六位があり、侍《さむらい》とよぶ。侍とは本来は武士のことではなく、六位のことである。さらに無位がいる。いずれも昇殿不勅許者であるため、諸大夫・侍・無位を地下《じげ》とも総称する。なお、公卿はむろん昇殿勅許者である。

平安宮の構造

昇殿制を理解するためには、公事実施の場と天皇の居住空間である内裏についても知る必要がある。

延暦《えんりゃく》十三年（七九四）、桓武《かんむ》天皇は新都に遷都する。平安京である。その北端中央を占める広大な一郭を平安宮《へいあんぐう》とよぶ。そこが律令官衙《かんが》（役所）が集中する平安京における政治の中枢である。そのなかに内裏がある。こうした構造は、平城京の平城宮でも同様だが、平城宮は平安宮よりも単純で小規模である。また、平城宮は、奈良時代前期の第一次平城宮と後期の第二次平城宮で構造が異なる。

平安宮の中心となる殿舎を朝堂院《ちょうどういん》、その主殿を大極殿《だいごくでん》とよぶ。ここでは大儀《たいぎ》とよぶ国家にとって重要な公事が行われた。平城宮は、この朝堂院が東・西に並び立つ構造で、第一次平城宮では西朝堂院に大極殿があり、東朝堂院では大安殿《たいあんでん》といった。第二次平城宮では東朝堂院にのみ大極殿があった。平安宮では朝堂院の西側に豊楽院《ぶらくいん》がある。これは平安宮独自の殿舎である。特に節会《せちえ》などの国家的な饗宴のために建設されたという。その主殿を豊楽殿《ぶらくでん》とよぶ。

平安宮の内裏

平安宮では朝堂院の北方東寄りに内裏がある。その主殿を紫宸殿（南殿《なでん》とも）とよぶ。天皇の御在所となる内裏内殿舎は当初は一定せず、紫宸殿北側の仁寿殿《じじゅうでん》などの場合もあったが、宇多天皇以降は、紫宸殿北西の清涼殿に定着する。

平城宮の内裏は東朝堂院の大安殿・大極殿の真北に隣接する位置にあり、天皇は内裏から毎日大安殿や大極殿に行幸《ぎょうこう》（天皇の内裏からの外出）して政務に臨んだ。これを朝政《ちょうせい》とよぶ。しかし、平安宮では大極殿は大儀の場となり、天皇は紫宸殿で日常政務に臨むようになる。

ところが、摂関期には一部の大儀を除き、公事の大半が紫宸殿で行われるようになる。さらに穢《けがれ》や怨霊《おんりょう》の観念の発達とも相俟ち、天皇が内裏（特に清涼殿）から外に出ることが稀になり、行幸は臨時の大儀となる。

臨時の内裏である里内裏《さとだいり》

ところで、現在の京都御所は平安宮内裏とはまったく違う位置にある。京都御所は里内裏から発達したものだからである。里内裏とは、平安宮内裏が焼亡《じょうもう》などで利用できない時に天皇が仮居した臨時の内裏。天徳《てんとく》四年（九六〇）に平安宮内裏が初めて焼亡。時の村上天皇が後院《ごいん》（退位した天皇の隠居場として設定された御所）である冷泉院《れいぜいいん》に仮居したのが初例である。本来の里内裏の役割は内裏焼亡時の天皇の一時的な避難場所であり、内裏が再建されればすぐに戻るのが原則であった。

ところが、寛和《かんわ》二年（九八六）即位の一条《いちじょう》天皇の頃から、焼亡した内裏が再建されてもすぐには戻らずに、そのまま里内裏で生活するという、内裏と里内裏の併用の時代になる。院政期には、内裏は晴儀用、里内裏は日常用というように、行事の内容で内裏と里内裏の使い分けがおこる。こうしたなかで内裏は荒廃。公事の一部も廃絶・中絶する。

これが保元《ほうげん》二年（一一五七）に藤原通憲《みちのり》（法名信西《しんぜい》）によって内裏が新造される。保元新造内裏（保元内裏）である。じつは平安宮内裏のうちその構造と規模が明らかなのは保元内裏だけであり、現在の平安宮内裏図と称するものはすべて保元内裏の図である。これは次節でふれる江戸時代の裏松固禅《うらまつこぜん》の研究に基づいている。

しかし、内裏新造の翌々年の平治《へいじ》の乱で信西が死亡すると、以後は保元内裏への定着はなく、承久《しょうきゅう》元年（一二一九）に焼亡。その再建途中の安貞《あんてい》元年（一二二七）に再度焼亡してからは、平安宮内裏は再建されず、内裏といえば里内裏だけとなる。そのなかには、鎌倉幕府の力で建保《けんぽ》元年（一二一三）に平安宮内裏の構造を模して造営された閑院《かんいん》内裏などもあるが、それも正元《しょうげん》元年（一二五九）の焼亡以降は再建されていない。

土御門《つちみかど》内裏と京都御所

その後、元弘《げんこう》元年（一三三一）に北朝の光厳《こうごん》天皇が、土御門東洞院殿《ひがしのとういんどの》（略して土御門殿）という里内裏で即位。以後、北朝ではこの土御門殿が里内裏として定着。近世には規模を拡大。特に寛政《かんせい》二年（一七九〇）の再建で、紫宸殿・清涼殿・宜陽殿《ぎようでん》・承明門《しょうめいもん》・建礼門《けんれいもん》などの内裏の主要殿舎・施設が保元内裏の規模と様式で復元。それが安政《あんせい》二年（一八五五）の再建時にも踏襲され、明治二年（一八六九）の東京遷都後に京都御所となる。

寛政二年再建以前の土御門内裏をはじめとする里内裏の内部構造は、閑院内裏などを除き、平安宮内裏の構造に則ったものでない場合が多い。そこで里内裏で公事を行う場合、里内裏の殿舎や場所を、平安宮内裏の対応する殿舎や場所に仮託して行った。

昇殿制と殿上人・蔵人

そこで昇殿制だが、これはこの内裏殿舎への昇殿を勅許する制度である。特に清涼殿南《みなみ》廂《びさし》に殿上間《てんじょうのま》とよぶ空間があり、ここが公卿・殿上人の詰所となり、殿上人は、そこに設置された日給簡《にっきゅうのふだ》という板に名前が記入された。殿上人は、主に天皇ミウチ（賜姓《しせい》皇族や天皇外戚などの子孫）が任命された。蔵人も殿上人であり、蔵人頭が殿上人筆頭である。ただし、六位蔵人は職掌時のみ昇殿が勅許される。

殿上人の職掌は、宿直や陪膳《ばいぜん》（食事の世話）などの天皇身辺雑事であり、それを蔵人頭の指示のもとで行う。殿上人は、日給簡の各名前の下に放紙《はなちがみ》とよぶ紙が貼られ、それが出勤簿となる。上日《じょうじつ》（宿直の場合は上夜《じょうや》）とよぶ出勤日に出勤した場合は放紙に印が記入された。その放紙を蔵人が回収。殿上人の勤務状況を毎月朔日《ついたち》に天皇に報告。これを月奏《げっそう》とよぶ。

宣旨職・殿上人は天皇代替で更新

ここで重要なのは、宣旨職や殿上人という身分は、叙位儀や除目を経ずに天皇個人との関係で宣旨により任命され、天皇代替ごとに更新される（実質的には任命し直される）点である。これに対して、位階や除目職は、叙位儀や除目を通して任命されるために、天皇代替に影響されない。この点が、両者の大きな相違点である。

有識故実成立の背景

このように律令制が変質した政治体制が摂関制である。ただし、摂関期以降もあくまで律令官僚機構の枠組は残っていた。変質したために、その枠組からはみ出す部分が増加したのである。これはそのまま公事の構造でもあり、また、装束はそのはみ出した部分に含まれる。

律令官僚機構は、律令法典（律・令・格・式・儀式）で運営されたが、枠組からはみ出した部分は、それまでの律令法典では対処できない。それに対応する新たな法典が整備されれば問題はなかったが、法典の整備は追いつかなかった。そこでそのはみ出した部分に対応するために成立したのが、有識故実なのである。

有識故実の成立過程

有識故実の成立過程を模式的に示せば次のようになる。律令官僚機構の枠組からはみ出した、それまでの律令法典では則れなくなった部分に対し、当初は天皇自身や摂関などの公事の主導者の内意による臨時・臨機の新例で個別に補った。言い換えれば、公事の主導者の判断で臨機応変に対応したのである。それが起点である。規範となる法典などがないのだから、臨機応変の対応となるのは納得できよう。

この臨機応変の対応それぞれが新例であり、この新例の成立こそ故実の萌芽となる。なぜならば、次にまた同様の状況になった時には、新例を規範として行うのがもっとも手っ取り早い。こうして新例が先例となる。そして、先例が規範として積み重ねられた結果、確たる典拠としての故実が形成されるからである。こうした流れのなかで有識故実が成立する。

このように、故実とは臨機応変の対応であった新例の先例化によって成立した。そこで摂関期以降の公家社会では、先例がなによりも重視され、新例・先例・故実（以下、合わせて故実）が各家の子孫に伝えられた。先例主義は、近世以降にも継承される公家文化の大きな特徴といってよい。

三　有識故実の展開と復興

故実を伝えるための古記録《こきろく》

この故実の伝え方には、口伝《くでん》や教命《きょうみょう》などで口頭で伝える場合もあったが、確実に伝えるためにはそれを書き留める必要がある。そこで故実を後代（特に子孫）に伝えるために、公家社会では天皇以下が和風漢文による日記を記すようになる。この日記を現在の史料分類では、古文書に対して古記録とよぶ。古記録は時代の下降とともに、その内容もまた記主も武家や法体にまで広がり、膨大な数の古記録が現存する。

なお、古記録は毎日記す日次記《ひなみき》であり、故実の検索には時間がかかる。そこで検索しやすいように古記録を公事ごとなどに編集し直した部類記《ぶるいき》なども成立する。

儀式書と有識故実の家流《かりゅう》の成立

さらに摂関期には儀式書も成立。これは律令法典の儀式の内容を枠組とし、故実に則った諸公事の式次第《しきしだい》（進行方法や進行順）を集成したものである。いわばまさに公事施行のための指南書（マニュアル）である。現存する儀式書は、源高明《たかあきら》（醍醐天皇皇子）の『西宮記《さいきゅうき》』を最古とし、摂関期の藤原公任《きんとう》の『北山抄《ほくざんしょう》』、院政期の大江匡房《おおえのまさふさ》の『江家次第《ごうけしだい》』が三本柱といえる。

それにしても、故実は後代に伝えていくものである。また、故実の選択はあくまで当事者の判断による。そこで故実の解釈によって有職故実の家流（家ごとの流派）が成立する。その二大流派は、藤原忠平の子息である藤原実頼《さねより》の小野宮《おののみや》流と同じく藤原師輔《もろすけ》の九条流である。

故実書・故実集成の成立

応徳《おうとく》三年（一〇八六）に白河《しらかわ》上皇が院政を開始。それ以降は院政期に入る。院政期には、仙洞《せんとう》（院御所）や摂関家などのいわゆる権門《けんもん》の行事も公事化。故実は増加・複雑化し、細分化・専門化がおこる。故実の細分化・専門化は故実の分類を促し、特定の公事・官職・職掌・事項に関する故実を集成した故実書や故実集成の類が成立する。

鎌倉時代には、文治《ぶんじ》元年（一一八五）即位の後鳥羽《ごとば》上皇の『世俗浅深秘抄《せぞくせんしんひしょう》』や建暦《けんりゃく》二年（一二一二）即位の順徳《じゅんとく》天皇の『禁秘抄《きんぴしょう》』など、上皇・天皇自身による故実書も成立。儀式書・故実書ともに、その原史料は古記録であり、儀式書自体を「日記」とよぶ例もある。そこで古記録と儀式書・故実書・故実集成は密接に連動するものである。

装束抄の成立と衣紋《えもん》の家流

有識故実のなかで故実がもっとも複雑なのが装束である。そこで故実のなかから装束部門が独立。院政期の源雅亮《まさすけ》の『満佐須計装束抄《まさすけしようぞくしよう》』をはじめ多くの装束抄が成立する。こうした装束抄の成立の背景には強装束の成立・流行もある。強装束の成立・流行に伴い、衣紋方《えもんかた》という装束着付の家流も成立する。鎌倉時代では大炊御門《おおいみかど》流があり、南北朝時代以降は山科《やましな》流と高倉《たかくら》流が著名である。近世以降は山科流・高倉流で装束の着装法にも相違を生じた。

公事の形骸化と有識故実の衰退・中絶

こうした一方で、時代の下降とともに公事は形骸化。複数の公事が廃絶・中絶する。公事形骸化には、里内裏への定着、鎌倉幕府の成立、承久三年（一二二一）の承久の乱における朝廷側の敗北、それに伴う幕府の朝廷への介入、さらに朝廷側も皇統が大覚寺統《だいかくじとう》と持明院統《じみょういんとう》の二系統に分裂、南北朝内乱、京都に幕府を置く室町幕府の成立など様々な要因が考えられる。決定的なのは応仁《おうにん》元年（一四六七）の応仁の乱（関東では享徳《きょうとく》三年〈一四五四〉の享徳の乱）以降に戦国時代という内乱期に入ったことである。後土御門《ごつちみかど》天皇の延徳《えんとく》二年（一四九〇）に中絶していた公事の一部（小朝拝《こちようばい》や元日節会《がんじつせちえ》など）が再興されるなどの気運もあったが、結局は有識故実は衰退・中絶していく。その一方で、武家故実や古典理解の有識故実は隆盛していく。

特異な寛永《かんえい》有職

しかし、衰退・中絶した有識故実も平和の回復のなかで復興する。その主導者は関白という本来の公事の主導者の地位に就いた豊臣秀吉・秀次《ひでつぐ》であり、朝廷側では慶長《けいちょう》十六年（一六一一）即位の後水尾《ごみずのお》天皇である。

復興のための具体的行事としては、天正《てんしょう》十六年（一五八八）の後陽成《ごようぜい》天皇による秀吉の御所聚楽第《じゅらくだい》への行幸《ぎょうこう》、元和《げんな》六年（一六二〇）の徳川秀忠《ひでただ》の娘である和子《まさこ》の後水尾天皇への入内《じゅだい》（嫁入）、寛永三年（一六二六）の後水尾天皇による二条城行幸がある。

いずれも天皇関連の大行事であり、殿舎・装束・輿車《よしゃ》（乗物）・座作進退などすべてにわたって故実が必要となり、有識故実は復興する。しかし、ここで復興した有識故実は、本来のそれとはほど遠い特異な有識故実であり、のちに寛永有職または近世有職と蔑称された（ここは有職を用いる）。装束の面でもこの寛永有職による特殊な様式が加わった。

公事の復興

それでも、寛永有職を契機に公家側では本来の有識故実に近づける研究と努力が続いた。その主導者は貞享《じょうきょう》四年（一六八七）即位の東山《ひがしやま》天皇の摂関である近衛基熙《もとひろ》とその配下の公家衆である。具体的な成果としては、貞享四年の大嘗会《だいじょうえ》（大嘗祭）、元禄《げんろく》七年（一六九四）の賀《か》茂祭《もまつり》の再興がある。

毎年旧暦十一月にその年に穫れた新穀で炊いた神饌《しんせん》を、天皇が天照大神《あまてらすおおみかみ》に献げて自らも食し、その年の収穫を感謝し、来年の豊作を祈願する新嘗会《しんじょうえ》とよぶ儀礼がある。大嘗会は天皇即位後に最初に行う新嘗会であり、新帝にとって重要な意味を持つ最大の神事である。また、賀茂祭は、毎年旧暦四月の中（二番目）の酉日《とりのひ》に、賀茂別雷社《かもわけいかづち》（上賀茂社《かみがも》）と賀茂御祖社《かもみおや》（下鴨社《しもがも》）に勅使が発遣される大祭礼である。

どちらも朝廷にとって非常に重要な公事であったが、大嘗会は応仁元年（一四六七）、賀茂祭は文亀《ぶんき》二年（一五〇二）以降は長く中絶。ここに再興されたのである。公家にとってその意味は大きい。

装束関連としては、大嘗会の再興に伴い、一時中絶していた無文羅《むもんら》という絹地を織る技術も再興された。羅とは冠《かんむり》などの材質として使用される薄物《うすもの》（シースルー地）であり、無文羅とはその織文様《おりもんよう》のないものをいう（詳細は次章以降）。

こうした背景には、元和元年（一六一五）に制定された『禁中並公家諸法度《きんちゅうならびにくげしょはっと》』に集大成されている江戸幕府の政策として、新設された家業や学問諸芸への公家の封じ込めがあろう。公家に政治に介入させないための政策であったが、公家はこれを逆手にとって公事の再興を果たしたのである。

土御門内裏の再建

有識故実の復興にとって、寛政二年（一七九〇）の土御門内裏の再建も大きな意味を持つ。既述のようにこの再建で、里内裏としての規模でしかなかった土御門内裏の主要殿舎・施設が保元内裏の規模と様式で復元された。

この再建の責任者は幕府の老中《ろうじゅう》であった松平定信《さだのぶ》であり、再建の根拠となった文献が裏松固禅の『大内裏図考証《だいだいりずこうしょう》』という保元内裏の研究書である。古典理解の有識故実と実践の有識故実の見事な融合といえよう。

しかし、松平定信は緊縮財政で有名な寛政の改革を行った人物であり、財政難の幕府には保元内裏の規模で内裏を再建する余裕などはなかった。それでも再建された背景には、安永《あんえい》八年（一七七九）即位の光格《こうかく》天皇をはじめとする朝廷側の圧力があり、当時の幕府権威の低下と朝廷（天皇）権威の上昇という朝幕関係の変化もある。ただし、紫宸殿以下の一部の建物だけが保元内裏様式となったのは朝廷側の妥協の結果らしい。

幕末・明治の急速な変化

こうしたなかで、公家装束の復興も進み、鎌倉時代の強装束様式での復興がなされていく。有識故実の復興は、弘化《こうか》四年（一八四七）即位の孝明《こうめい》天皇の時代には頂点に達する。

ところが、明治維新を迎え、天皇制は欧風化。そのために実践の有識故実は意味を失い、宮中の一部行事や神社祭祀《さいし》にその面影を留めるにすぎなくなった。服装の面でも洋装の採用で、天皇以下が装束を着用する機会はごく限定されたものとなる。

古典理解の有識故実も、近代西洋学問の導入により、たとえばそれまでの日本では未分化であった文学と歴史が分化するなど、各専門分野に分かれていく。その結果、近代西洋学問のどの分野にも入らないような、装束をはじめとして武具・輿車・調度《ちょうど》といったものだけが有識故実が扱う分野として理解されるようになり、現在に至っている。

なお、明治時代以降の有識故実研究の担い手として、小堀鞆音《こぼりともと》（一八六四〜一九三一）などをはじめとする日本画家の存在を忘れてはならない。明治時代以降の日本画家たちは、装束や武具をより写実的に描くという目的で、有識故実の研究を行った。そして、その研究成果は絵画を描くという実践に反映されたのである。

第二章　束帯という装束

一　日本の装束の原点

装束とは何か

装束には広義と狭義の両方の意味がある。広義の装束は、現在でいうインテリアや室町時代の室礼《しつらい》などと同義であり、朝廷などの儀礼の場となる建物内外の敷設全般をいう。狭義の装束は、天皇・将軍・公家・武家・高僧などの上流階級やその周辺の人々が着用した歴史的着衣をいう。両者はじつは連動しており、後者の装束も前者の装束の一部という解釈となるが、本書で取り扱う装束は、あくまで後者の歴史的着衣の意味である。歴史的着衣といっても庶民の着衣などは装束に含まない。また、室町時代以降の武家女子の着衣も装束ではない。本書で取り扱うのは、それらを含めた服飾史・服装史ではなく、あくまで限定された装束史である。

男子の公服と女子の公服

ところで、公家装束には公服と私服の区別があり、そのうち公服については男・女で微妙に意味が異なる。

男子の公服は、天皇・朝廷に関わる公務や参内時に着用しなければならない装束である。一方、女子の公服は御前服《ごぜんふく》である。御前とは天皇・皇后の御前である。摂関期以降の朝廷奉仕の女官を広く女房《にょうぼう》と総称する。女房は内裏内に房室（プライベートな空間）を与えられ、内裏内で生活しつつ住み込みで奉仕した。そこで装束の性格も、基本的に自邸から参内する男子とは異なった。

つまり男子は自邸で公服に着替えて参内した。そこで公服と私服の区別は明確であり、男子装束には公服・私服それぞれに固有名称があった。また、装束は被り物・肌着・下着・上着・装身具・持ち物・履物などの各要素から構成されているが、男子装束では、私服を含めて装束が異なれば、原則的に各構成要素も異なった。

一方、女子は内裏内で生活しているために、公服・私服の区別は曖昧であり、女子装束には固有名称はない。重袿が私服であり、かつそれがすべての装束の下着となり、その上に着用する着衣で装束が区別された。同時に着用する着衣で公服としての度合いが増した。逆に女房は、御前ではその着衣を着用しなければならないが、宮中であっても房室内ではその着衣を脱いでも構わない。だから女子の公服は御前服であり、公服・私服の区別は曖昧なのである。ただし、公家の私服は特に男子にとっては公服ともなり得ることは付言しておく。

そして、装束を考える際に重要な点は、特に公家男子の公服は、高級な絹地を使用し、見かけは華やかでも、それは決してファッションとして好きなものを着用しているのではなく、あくまで身分により定められたものだけを着用しているという点である。つまり公服は可視的な身分の標識となる。その点を無視して、現代感覚で装束のファッション性ばかりを取り上げるのは間違いであり、装束の本質を見失うことになる。

衣服令規定の礼服《らいふく》

つぎに日本装束史の原点となる衣服令の内容を検討する。衣服令に規定されている公服は、礼服・朝服・制服の三種類であり、その三種類の公服の大まかな構成と着用身分や着用機会が記されている。なお、『大宝令』の衣服令は散逸し、現存するのは『養老令』の衣服令である。以下、礼服・朝服・制服の着用身分と着用機会をみる。構成については割愛する。

礼服の着用身分は、男子は皇太子・親王・王・臣下（文官・武官とも）五位以上、女子は内親王・女王・臣下五位以上である。つぎに礼服の着用機会は「大祀《だいし》・大嘗・元日」とある。ごく限られた機会だけでの着用だが、具体的には漠然としている。これに対し、延長《えんちょう》五年

（九二七）に成立の『延喜式』には、礼服着用機会についての明確な記載はないが、左右近衛府などの大儀条から類推すれば、礼服着用機会は元日・即位・蕃客《ばんきゃく》となる。衣服令の礼服着用機会を解釈すると次のようになろう。

まず「大祀」。具体的にわかりにくい。文字通りに解釈すれば、国家的祭祀ということになろう。天平勝宝《てんぴょうしょうほう》四年（七五二）の東大寺大仏開眼会《かいげんえ》では、元日に準じて五位以上に礼服着用が命じられ、聖武太上天皇《しょうむだいじょう》、光明皇太后《こうみょうこうたいごう》、孝謙《こうけん》女帝がともに礼服を着用した。この大仏開眼会などが大祀に相当しようか。

つぎに「大嘗」。素直に解釈すれば大嘗会となるが、奈良時代の解釈では、大嘗会と新嘗会の両方をいうらしい。しかし、大嘗会・新嘗会いずれも奈良時代に礼服を着用した事例はない。そもそも礼服は漢民族の伝統的正装であり、きわめて中国的な服装であるから、きわめて日本的な神事である新嘗会や大嘗会にはそぐわない。「大嘗」は不明である。

つぎに『延喜式』にもみえる「元日」はわかりやすい。元日朝賀である。元日朝賀は、元日に全律令官人が天皇に新年の拝礼をする儀礼である。

ちなみに『延喜式』の即位は即位式であり、詳細は割愛するが、桓武天皇の時代に成立する皇位継承儀礼である。また、蕃客は外国からの使節、特に中国東北部の渤海《ぼっかい》（六九八～九二六）からの使節である渤海使《ぼっかいし》のことである。元日朝賀を含めていずれも大儀であり、『延喜式』によれば、礼服は大儀で着用する。

ただし、平安時代以降の礼服着用の機会は、実際には即位式と元日朝賀だけであり、一条天皇の正暦《しょうりゃく》四年（九九三）を最後に元日朝賀が廃絶すると、礼服は即位式限定の天皇一代で一度しか着用しない特殊装束となり、明治二年（一八六九）の明治天皇即位式で廃絶するまで存続する。なお、本書では礼服の具体像については割愛する。

衣服令規定の朝服・制服

つぎに朝服・制服である（図1）。朝服と制服は着用身分が異なるが、構造や構成はほぼ同様の公服である。朝服着用の身分は、男子は親王・王・臣下初位以上、女子は内親王・女王・臣下初位以上である。つまり皇族と有位の臣下すべてが着用する。制服着用の身分は男・女無位や庶民・庶女《しょじょ》である。ただし、武官は無位でも朝服着用である。

朝服・制服着用の機会は男子ではともに「朝庭公事《ちょうていくじ》」とある。武官は「朝庭公事」よりも改まった「会集等日《えしゅうとうのひ》」が加わるが、要するに日常公務である。つまり衣服令によれば、朝服・制服が律令制下でもっとも一般的な公服である。

なお、朝服・制服の区別、また朝服内での身分（位階）による区別は、位袍《いほう》とよぶ上着の色をはじめとする各要素の色や材質などで区別されたが、特に重要なのは上着の色が位階ごとに規定されていることである。その上着の色を位色《いしき》とよび、束帯の身分区別としても重要な要素となる。また、位色で規定された上着だから位袍とよぶ。位色については後述する。

朝服・制服の起源

礼服が漢民族の伝統服に対し、朝服・制服はユーラシア大陸の騎馬民族の着衣である胡服《こふく》を源流とする。胡服を中国にはじめて導入したのは、戦国時代の趙《ちょう》の武霊王《ぶれいおう》（前三二五～前二九九に在位）である。胡服着用の騎馬民族の騎射戦法に悩まされた王は、騎馬民族と同じ胡服と騎射戦法を採用。それに対抗しようとした。

胡服は乗馬に適した着衣であり、男子ではズボン・ベルト・ブーツ、女子

図１　文官朝服姿。
『世界大百科事典』（平凡社、1988年。以後、『大百科』）より作画

ではスカート・ベストなど現在の洋服に近い要素を持つ。現在のモンゴルの民族衣装などには胡服の面影が強く残っている。朝服・制服が和様化して公家男子正装の束帯になるのだが、束帯にもそうした面影が残っている（後述）。また、チャイナドレスやベトナムのアオザイなども女性の着衣だが、束帯と共通する要素を持つ。

弘仁十一年詔規定の天皇・皇后・皇太子の公服

つぎに天皇・皇后・皇太子の装束史の原点となる弘仁十一年詔の内容を検討する。まず天皇用公服は、神事用の「帛衣《はくぎぬ》」、元日朝賀用の「袞冕十二章《こんべんじゆうにしよう》」、諸行事用の「黄櫨染衣《こうろぜんきぬ》」の三種である。皇后用公服も神事用の「帛衣」、元日朝賀用の「□衣」（一字欠字）、諸行事用の「鈿釵礼衣」（読み不明）の三種である。皇太子用公服は神事・元日朝賀用の「袞冕九章《きゆうしよう》」、諸行事用の「黄丹衣《おうにきぬ》」の二種である。なお、弘仁十一年詔の内容は、藤原実資《さねすけ》の『小野宮年中行事』などにも引用されているが、それによれば、袞冕十二章の着用機会に即位式が加わり、また皇后元日朝賀用の公服の欠字部分は「褘」とある。つまり「□衣」は「褘衣」（読み不明）である。

このうち皇后用公服は、褘衣が礼服、鈿釵礼衣が朝服に相当すると考えられるが、摂関期以降は皇后の公事不参が常態となるため、その実態はわかりにくい。

　天皇用公服のうち袞冕十二章は冕服《べんぷく》とよぶ天皇の礼服であり、摂関期以降も継承される。また、帛衣・黄櫨染衣はともに天皇の朝服であり、摂関期以降、帛衣は天皇神事用束帯である斎服《さいふく》やその略装の帛御衣《はくのおんぞ》となり、黄櫨染衣は天皇の正式の束帯である黄櫨染束帯となる。

　皇太子用公服のうち袞冕九章は皇太子の礼服である。これも摂関期以降に継承されるが、実際に皇太子が着用した事例はほぼない。黄丹衣は皇太子の朝服である。摂関期以降、皇太子の正式束帯である黄丹束帯となる。

　黄丹衣は衣服令によれば皇太子の礼服であったが、この詔で改変された。ただし、衣服令の黄丹衣は袞冕九章に相当しないと考えられる。いずれにしろ、斎服・帛御衣・黄櫨染束帯・黄丹束帯はそれぞれ現在まで継承されている。

朝服の和様化

　以上のような公服のうち朝服が和様化して成立したのが、男子の束帯であり、女子の女房装束である。束帯や女房装束の成立こそ「装束」の成立といえる。

　束帯も女房装束も和様化の最大の特徴は、寛闊化《かんかつか》（だぶだぶになった）ということである。

具体的には袖口が広がり、丈《たけ》が長寸化した。これまではこうした変化の要因を日本の気候や風土に求めてきた。つまり朝服は、大陸の乾燥し、冬は寒い気候に適した体に密着した服装であったが、それが日本のいわゆる蒸し暑い気候に合わせて変化したと考えられてきた。それはそれで正しいであろう。

しかし、別の要因も考えられよう。じつはこうした寛闊化の兆しはすでに奈良時代からみられ、それを阻止しようとする法令がたびたび出されている。その要因として、公服の私費調達ということが考えられる。天平十四年（七四二）に「礼服冠」が私費調達となる。文献には出てこないが、礼服に限らず朝服も本来は官から支給されるものだが、やがて私費調達となっていったらしい。そこで、財力のある人々は生地を贅沢に使い出し、それが寛闊化につながったのである。

朝服寛闊化の要因としては、摂関期以降、公事の場が原則として内裏正殿の紫宸殿になったことも考えられよう。平安宮で儀礼の場であった朝堂院や豊楽院は、大陸式の基壇式・石畳の建物であり、立位の儀礼つまり立礼《りゅうれい》を宗とする唐礼の儀礼体系に合致した建物である。これに対し、摂関期以降も基本的には唐礼の儀礼体系が継承されたが、紫宸殿をはじめとする内裏内殿舎は日本式の高床式の建物であり、建物内では座位の儀礼つまり座礼《ざれい》を宗とする。

座礼では寛闊化した着衣の方が動きやすい。朝服寛闊化にはこうしたいわば政治的な要因もあったのではなかろうか。

束帯はいつ文献に登場したか

このように男子の朝服から束帯が成立する。「束帯」という用語は『論語』公冶長編《こうやちょうへん》に出てくるが、日本での初見はいつであろうか。

藤原師輔の日記『九暦《きゅうれき》』逸文《いつぶん》（本編には残っていないが、他の文献に引用されて残った記事）の延長八年（九三〇）八月十七日条に、慈覚大師円仁《じかくだいしえんにん》が夢で弘法大師空海《こうぼうだいしくうかい》に会った際に「束帯」であったことがみえる。しかし、円仁・空海ともに僧侶であるから、この「束帯」は俗人のそれではなく、僧侶の正装である法服（本書第六章参照）のことと考えられる。ただし、それにしても正装を束帯といっているわけで、俗人の正装である束帯の成立を前提としてのことであろう。

一方、同じく『九暦』の部類記である『九条殿記《くじょうでんき》』「大臣家大饗《だいじんけたいきょう》」承平六年（九三六）正月三日条に「かつて九条大臣尋常の病重く束帯能《あた》はず」（原漢文）とみえる。大臣家大饗という正月に来客をもてなす儀式で、九条大臣つまり藤原基経が病気で束帯を着用できなかったという。この記事が俗人の束帯の初見のようである。しかも話題の主の藤原基経は初代関白であり、寛平三年（八九一）没である。つまり記事内容からは九世紀末には束帯が成立していたと考えられる。

以後、古記録を中心とする文献には、束帯の名称も、また束帯を構成する各要素の名称も散見されるようになる。しかし、そうした十世紀の文献にみえる初期束帯が、のちの理解の束帯と同じ様式であったかどうかは微妙である。なぜならば、名称は同じでも時代によって構造や様式は変化するからである。だからこそ古典理解の有識故実が成立したのである。

神像や絵巻物という手掛かり

構造や様式を知るには、遺品・絵画・彫刻などの視覚的な資料が必要になる。視覚的に束帯を知るには、院政期以降の絵巻物の描写を俟たなければならない。しかし、院政期の絵巻物にみえる束帯が、初期束帯と同様式かどうかは不明である。

とはいえ、初期束帯の様相を推測できる手掛かりはある。京都・松尾《まつのお》大社所蔵の男神像二体（老年像・壮年像）である。この神像は九世紀の遺品。その着衣は朝服から束帯への過渡期の様相を示しており、そこから初期束帯の様相がある程度は類推できる。

また、京都・高山寺《こうざんじ》に『将軍塚《しょうぐんづか》絵巻』という絵巻物がある。これは鎌倉時代の作品であるが、平安時代に製作された絵巻物の模本である。原本が製作された時期は不明だが、描かれている装束や武具の様式はかなり古様で、そのなかには束帯姿もあり（図2）、それが初期束帯を推測させる手掛かりになる。

こうした束帯の成立に連動して、ほかの公家男子装束も成立したと考えられる。礼服と束帯以外の主な公家男子装束を列挙すると、布袴・衣冠・直衣・小直衣・狩衣・水干などがある。また、武家の主な装束としては直垂・大紋・素襖・肩衣などがある。このうち公家装束すべてと武家装束の直垂は、平安時代に成立した装束である。本書では、これら男子装束すべてを解説していく。

図2　柔装束の束帯姿（『将軍塚絵巻』より作画）。鈴木敬三編集解説『古典参考資料図集』（國學院高等学校、1992年。以後、『図集』）より

二　束帯にはどのような区別があるのか

束帯の様々な区別

まずは束帯からみていこう（図3・4）。束帯とは皆具《かいぐ》の名称である。皆具とはすべての必要なものが揃った状態をいう。つまり被り物・肌着・下着・上着・装身具・持ち物・履物などすべてが揃って束帯である。たとえば上着だけを取り上げて束帯とはいわない。したがって、着用者の立場や条件で、同じく束帯といっても様々な区別がある。

①文官と武官の区別、②晴儀と日常の精粗、③身分による区別、④季節による区別、⑤年齢による区別、⑥時代による変化である。

①は、文官と武官で束帯の構成要素や、構成要素の一部が相違した。②は、晴儀用の束帯に比べて、日常用の束帯には構成要素の一部に省略がある。晴儀用の束帯を物具《もののぐ》とよぶ。③は、身分により構成要素の色・材質・文様が相違した。その身分は、律令制本来の位階制と摂関期以降の新秩序の両方が反映された。③は束帯にとってもっとも重要な区別である。

④は冬・夏の区別であり、構成要素の色・材質・文様が相違した。なお、旧暦では一〜三

月が春、四～六月が夏、七～九月が秋、十～十二月が冬であり、装束は四月一日～九月末日が夏装束、十月一日～三月末日が冬装束である。四月一日と十月一日がそれぞれ更衣《こうい》（衣《ころも》替《がえ》）の日となる。

この季節による区別は、身分による区別ほどは厳格ではない。しかし、旧暦には閏月《うるうづき》があ

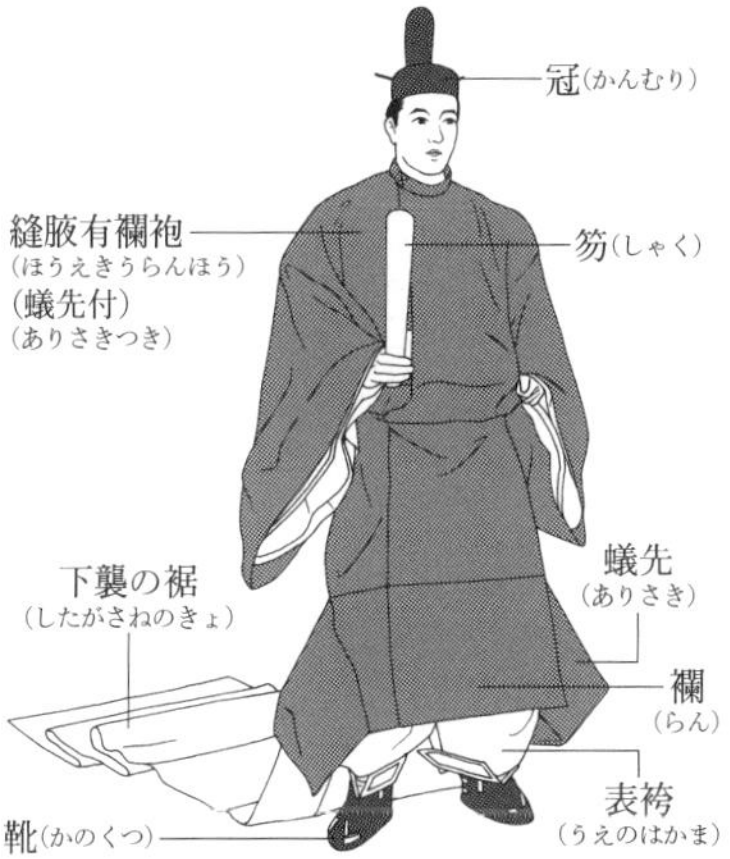

図３　文官束帯姿。歴世服装美術研究会編『日本の服装　上』（吉川弘文館、1964年。以後、『日本の服装』）を資料に作画

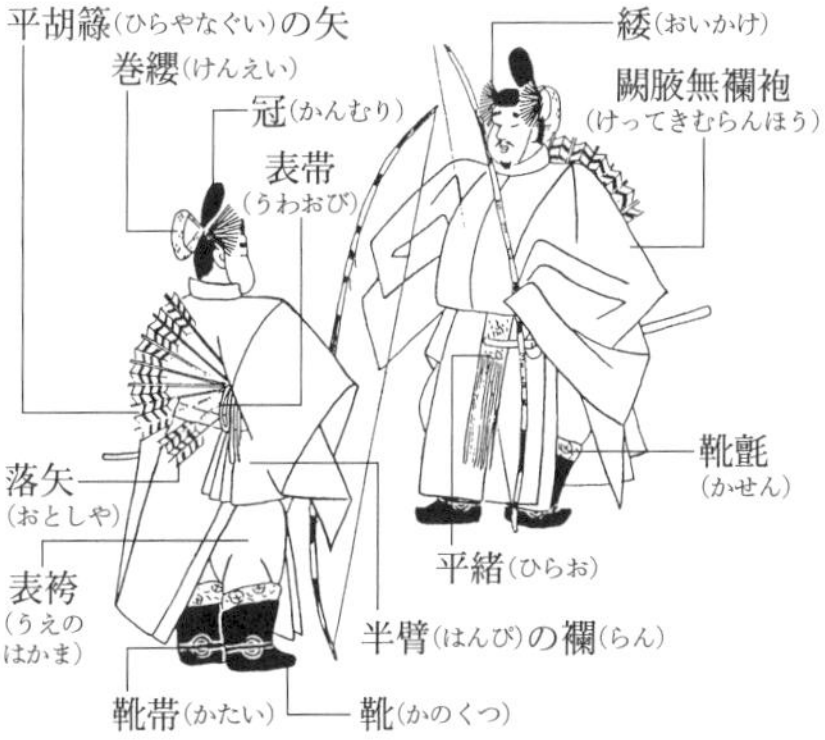

図４　武官束帯姿（『春日権現験記絵巻』より作画）。『図集』より

り、閏月が四月や十月に当たった場合、たとえば四月一日と閏四月一日のどちらで更衣するのかが問題となったり、また、あまり極端に更衣を無視すると非難の対象になった。

⑤は若年《じゃくねん》・壮年・老年の区別であり、年齢によりやはり色・材質・文様が相違した。具体的な年齢は、当時は十二歳前後で元服。元服から二十歳前後までが若年、二十～三十歳代が壮年。四十歳になると、「四十の賀《が》」とよぶ祝賀をし、以後は老年扱いとなり、五十歳・六十歳と十年ごとに祝賀した。特に高齢を宿老《しゅくろう》とよぶ。

しかし、こうした年齢による区別は非常に曖昧なものであり、着用者本人の判断による部分が大きい。特に身分の高い人ほど、実年齢よりも上のものを着用する傾向にあった。

強装束の成立・流行

⑥のうち最大のものは、院政期の強装束の成立・流行である。強装束は如木《じょぼく》ともいい、厚織や板引《いたびき》（後述）の生地を多用した直線的で硬い装束である。強装束に対してそれまでの様式を柔装束（打梨《うちなし》とも）という。柔装束は薄織の生地を着重ねた曲線的で柔らかい様式である。ただし、絵巻物などの絵画の描写に強装束が反映されるのは鎌倉時代に入ってからである。

強装束の影響をもっとも強く受けたのが束帯である。全体像としてはあまり変化はみられないものの、構成要素個々では様々な変化がある。具体的にはそれぞれの解説のなかで示していく。

強装束成立後の推移

なぜ院政期に強装束という様式が成立・流行したかは、武士の台頭との関連などの諸説があるが、現時点では流行というしかない。ともかく以後の束帯は、室町時代には構成要素の簡略化がなされ、江戸時代には、寛永有職の復興様式や幕末の再興様式などの展開をみせつつも、強装束様式が基礎となって推移し、現在まで続いている。

同時に強装束以降は自分で束帯を着用することが徐々に困難になり、衣紋方《えもんかた》とよぶ着付師の出現をみた。しかし、その一方で束帯は特別な公事をのぞき、日常の参内では着用されなくなり、室町時代には日常参内装束は衣冠となる。

物具の構成

こうした様々な区別がある物具の束帯の構成を、着用順にまとめると次のようになる。まず被り物は冠。肌着は本来は大口《おおくち》と単《ひとえ》。強装束以降は大口の下に肌小袖《はだこそで》を着用する。下着は袓・打衣《うちぎぬ》・表袴・下襲・半臂。上着は位袍。装身具は石帯《せきたい》・魚袋《ぎょたい》。持ち物は笏《しゃく》・帖紙《たとう》・扇《おうぎ》。履物は襪《しとうず》に靴《かのくつ》または浅沓《あさぐつ》である。これに帯剣勅授の勅許を得た文官は劔《たち》を、武官は劔に弓箭《きゅうせん》を佩帯する。

本章ではこのうち冠・肌着・下着・上着について解説し、装身具以下は第三章で解説する。

三　束帯の構成とは

①冠――公的な被り物

公服の被り物　束帯の被り物は冠である（図5）。平安時代以降の被り物としてはほかに烏帽子がある。烏帽子は第四章で詳しくみるが、被り物は装束にとって重要な要素であり、ここで少しまとめてみたい。

冠は公的な被り物で、参内には不可欠である。これに対し、烏帽子は日常の私的な被り物である。冠と烏帽子は、それぞれに対応する装束が決まっている。

冠は束帯・布袴・衣冠で必ず被り、直衣や召具《めしぐ》装束（本書第四章参照）でも被ることがある。

烏帽子は直衣・小直衣・狩衣・水干、武家装束の直垂・大紋・素襖で被る。肩衣は被り物を被らない。

成人男子の髻《もとどり》　被り物を被る前提として理髪《りはつ》がある。理髪は元服時にそれまで伸ばしていた髪を束ねて髻（「たぶさ」とも）を作ることである。これは時代劇でお馴染みの髷《まげ》とは相違する。髻は束ねた髪を起立させるが、髷は束ねた髪を根本で曲げて前に倒す。また、髷では月代《さかやき》といって前頭部を剃り上げるのがふつうだが、髻は月代を剃らない。

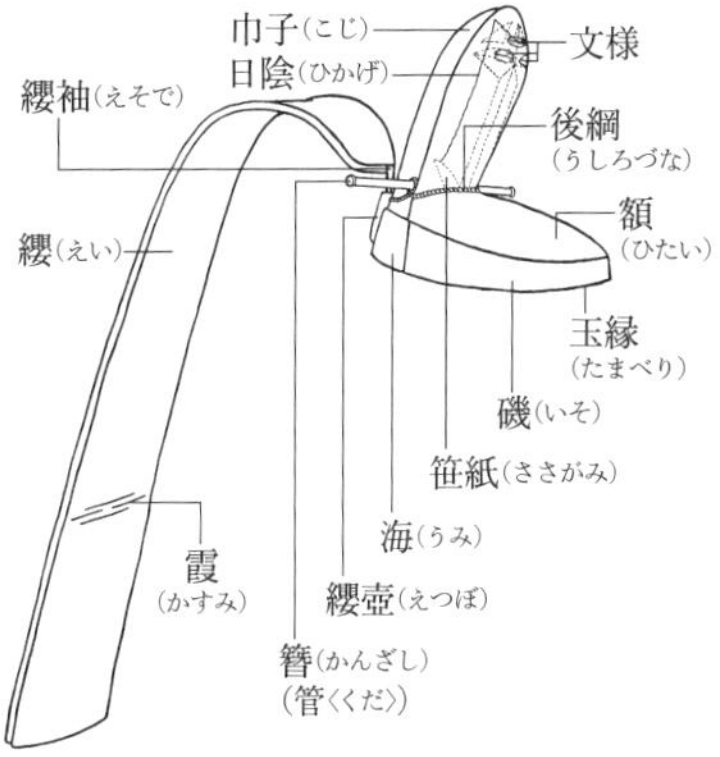

図5　近世の遠文の冠図。『図集』より

じつはこの髻こそ身分不問で成人男子の象徴である。理髪は中国の風習であり、日本では天武天皇十一年（六八二）に採用されて普及した。どんなに高齢でも髻のない男子は童《わらわ》であり、牛車の牛を操縦する牛飼童《うしかいわらわ》などがよく知られているだろう。被り物はこの髻の保護のために被った。

被り物を被らず髻が露出した状態を露頂《ろちょう》とよぶ。平安時代には露頂つまり髻を他人に直接見せることは恥辱とする観念が生まれた。そのために就寝時や入浴時も被り物を脱がず、笠や冑《かぶと》なども被り物（烏帽子）の上に被った。

朝服の被り物　被り物のうち烏帽子の前身はよくわかっていない。しかし、冠の前身は朝服の被り物であり、それは衣服令に「頭巾《ときん》」とみえ、幞頭《ぼくとう》・胡帽《こぼう》・四脚巾《しきやくきん》などともよぶ。構造は、本体に上緒《あげお》とよぶ前脚と纓《えい》とよぶ後脚の四本の緒所《おどころ》（紐）を取り付けたものである。四脚巾とはそこからの名称である。

材質は衣服令によれば、五位以上が有文《うもん》の皀羅《くりのら》。六位以下が皀縵《くりのまん》である。皀は黒の意。羅は高級な薄物の絹地。有文と無文がある。縵は無文平織《ひらおり》の絹地。のちに平絹《へいけん》とよぶ。現在の羽二重《はぶたえ》である。

生地における有文と無文　ところで、有文は生地に織文様があり、無文はない。織文様は織で出す文様である。これに対し、染で出す文様を染文様《そめもんよう》という。織文様は絹地の文様、染文様はもっぱら布地の文様であり、染文様があっても有文とはいわない。有文は織文様がある絹地だけである。公家装束は原則的に絹地であり、文様も織文様となるが、有文・無文は束帯を中心とする公家装束での身分区別の重要な基準となる。

なお、絹地が蚕糸《さんし》による動物繊維に対し、布地は植物繊維である。武家装束を中心に装束に使用する布地はもっぱら麻《あさ》である。現在一般的な植物繊維は木綿《もめん》だが、木綿は室町時代に舶来した当初は高級な布地であり、江戸時代に国内栽培されるようになってから、庶民の布地となる。

頭巾の被り方　頭巾の被り方は、まず巾子とよぶ筒を髻に被せ、頭巾を被り、上緒を頭上で結び、纓を後頭部で結んで頭に固定した。纓の結び余りは奈良時代を通じて長寸化する。

巾子はのちには冠と一体化するが、『延喜式』によれば、平安京内に設置された東・西の市のうち「東店」のなかに「幞頭店」と「巾子店」が併記されており、頭巾と巾子は本来は別個であったことがわかる。巾子の材質は中国では桐製黒漆塗のようで、日本でもそれに準じたらしい。また、後世でも元服時の冠は、巾子の部分と冠本体を切り離し、まず巾子の部分を髻に被せてから冠本体を加え、両者を紐で結んだ放巾子《はなちこじ》とよぶ特別な冠を用いた。

頭巾を被った朝服姿は、聖徳太子を描いたとされる『唐本御影《とうほんみえい》』（御物）とよぶ肖像画に明瞭であり、その図はかつての一万円札や五千円札の図柄に採用された。

こうした頭巾の被り方を簡便にし、形状を固定したのが冠である。

冠の構造・材質　冠の構造（図5）は、巾子は本体と一体化。髻を納める突出部分となり、高さも高くなる。冠本体上面を額《ひたい》（甲《こう》とも）、縁を玉縁《たまべり》とよぶ。また、纓と上緒は形式化し、纓は燕尾《えんび》ともよび、冠背後に垂れる二本の太紐《ふとひも》となる。上緒は結束した状態の痕跡だけとなり、この上緒の痕跡を後綱《うしろづな》とよぶ。玉縁のうち後綱より前の部分を磯、後の部分を海とよぶ。巾子正面の根本には裏から笹紙《ささがみ》とよぶ紙片を左右対称に入れ、上緒を両羂《もろわな》（蝶々結）に結んだ名残を表現し、また、巾子正面には上緒を結んだ際に生じる皺《しわ》の名残をM字型の糸かがりで入れて日陰《ひかげ》とよぶ。

冠の材質は、位階にかかわらず黒の羅。形状固定のために黒漆薄塗とする。五位以上は有文。文様は小型の菱形四つを重ねた四菱《よつびし》文様。六位以下は無文である。

冠の固定　冠では纓・上緒ともに冠を固定するという機能がなくなった。そこで冠は、巾子の根本に左右から簪《かんざし》を挿入して固定した。簪は黒漆塗の細棒である。この簪もやがて形式化して一本の管となり、江戸時代には、巾子と管に絡めて顎下で結ぶ懸緒《かけお》（顎紐）で固定するようになる。懸緒は和紙を撚った紙捻《こびねり》を正式、組紐による組懸《くみかけ》を略儀としたが、組懸の使用には勅許を必要とした。

強装束以降の冠　強装束以降、冠も変化した。黒漆厚塗になり、羅で作りながらも塗漆のために生地が透けなくなった。しかし、最大の変化は、纓の分離と纓壺《えつぼ》の成立である。その結果、纓の根が上がるという現象がおきた。また、纓の形状も燕尾型からやがて長方形型に変わった。

纓の分離とは、纓が冠本体から分離したことで、分離した纓には纓袖《えそで》とよぶ突起が生じた。纓壺とは、本来纓が付いていた冠の背後にできた、孔を上に向けた小さな筒状（ソケット状）部位のことである。

纓が分離してからは、分離した纓を二枚重ねて纓袖を纓壺に差し込んだ。纓袖を差し込む纓壺の孔は上に向いているから、差し込んだ纓は、一度根本が上がってから垂れるようになった。これを「纓の根が上がる」という。図5のような状態である。

図6　御立纓の冠を被った冬の御引直衣姿。「孝明天皇像」、京都・泉涌寺蔵

纓の根は、時代の下降とともに上昇したが、いくら纓の根が上がっても、最終的に先端が垂下すれば、それを垂纓《すいえい》とよぶ。垂纓は天皇・皇太子を含めた文官用である。

ところが、江戸幕末には、天皇の冠の纓は垂下せずに後方に延びるようになり、明治天皇の冠になると纓がほぼ垂直に起立し、現在に継承されている。これを御立纓《ごりゅうえい》とよぶ（図6）。雛人形の男雛《おびな》の冠は御立纓である。

巻纓《けんえい》と柏挟《かしわばさみ》　武官の冠には文官とは異なる特徴がある。巻纓と緌《おいかけ》（老懸とも）であり（図4）、おもに物具用である。巻纓とは、纓先を内巻にして、黒漆塗の纓挟《えばさみ》とよぶ挟木で留めたものである。地下の武官は、幅の細い纓を用い、やがてそれが二本の棒状にまで細くなる。これを細纓《さいえい》とよび、細纓を巻纓にした。

この巻纓と混同されるのが柏挟である。柏挟というのは、纓先を外巻にして、檜扇《ひおうぎ》などを裂いた白木で留めた。内裏焼亡などの非常時に文官が臨時に行ったもので、白木で留めるから柏挟とよぶ。

纓は動きまわるとそれが背中に当たって邪魔となる。そこで巻纓や柏挟にした。ただし、諒闇《りょうあん》といって、天皇や上皇・女院などが崩御《ほうぎょ》し、喪に服している時には文官も巻纓とした。これは弔意を示すためである。

緌　緌は「こゆるぎ」ともよぶ。武官の冠の両側面に取り付ける開扇状の装飾であり、材質は馬の鬣《たてがみ》などである。この緌は大陸伝来の風習だが、緌をなぜ取り付けたのかは不明である。いずれにしろ、緌は組紐の緒所で巾子に搦《から》めて取り付け、その紐を顎で結んだ。

冠の懸緒使用が江戸時代からであることは武官でも同様だが、武官では懸緒成立以前から緌の緒所が懸緒の役目を果たした。武官は非常時での行動を意識して文官よりも強く冠を固定する必要があるが、緌の目的は冠の固定にあったのかもしれない。

御金巾子《おきんこじ》と御幘《おさく》　纓の処理といえば、天皇独特の処理の方法がある。御金巾子と御幘である。

天皇と皇太子はその地位にある限りは烏帽子を被らず、冠だけを被る。それはつまり烏帽子に対応する装束は着用しなかったということだが、就寝時などの日常生活では纓が邪魔になる。そのための纓の処理法が御金巾子である。

御金巾子は、厚紙の中央に方形の孔を空けて巾子紙《こじがみ》とよび、その中央の孔に巾子ごと纓を挟んでおく方法である。巾子紙を金泥《きんでい》で塗るために金巾子という。この御金巾子は鎌倉時代の『奈与竹《なよたけ》物語絵巻』（香川・金刀比羅宮《ことひらぐう》蔵）に描かれている。また、現在の天皇も御金巾子をすることがある。

一方、御幘は天皇神事での纓の処理法である。天皇は様々な神事（祭祀）に従事する。その時に帛御衣や斎服を着用する。その斎服用冠は、纓を巾子ぐるみ白平絹の帯で固定する。これが御幘である。

厚額《あつびたい》と薄額《うすびたい》　ところで、冠の前頭部つまり磯の部分が高い（厚い）冠を厚額または磯高《いそだか》、低い（薄い）冠を薄額とよぶ。この厚額・薄額の関係にも時代的な変遷がある。

本来は大臣以上の高位が厚額を使用し、大納言以下が薄額を使用するのが慣例であった。また、冠は羅製のため、額の部分は透けるのが当然で、特に厚額はよく透けた。そこで厚額を透額《すきびたい》ともよぶ。さらに、当時の政治の中枢を司る大臣などには年長になって到達するのが本来であり、若年では大臣などにはなれなかった。

ところが、院政期になると、摂関家などの家の形成につれて、家ごとに昇進コースが固定し出し、若年でも大臣に至る者が出現した。そこで厚額と薄額の関係が混乱した。つまり身分と年齢のどちらを優先するかである。その結果、年齢が優先され、身分に関わりなく、通常は厚額となり、薄額は若年用となった。

これには冠の強装束化も関係している。また、強装束化で黒漆厚塗になったために、額が透けないのがふつうとなり、薄額で特別に額の部分を透かした透額が成立。透額＝厚額ではなく、透額＝薄額へと逆転した。

江戸時代には、冠は一般には小型の薄額が通常となり、明治時代以降は断髪の影響で大型の厚額がふつうとなった。

繁文《しげもん》と遠文《とおもん》　冠の材質である羅のうち有文羅は、応仁の乱以降、技術が衰退して織れなくなった（現在では復活）。そこで冠の文様のあり方（有文・無文の関係）に変化が生じた。

まず有文の冠は無文羅で作り、文様は纓の中央に糸かがりで加えた霞《かすみ》とよぶ四本線だけとなる（図5）。やがて無文羅も織れなくなったが、貞享四年（一六八七）の大嘗会の再興に伴って復活。有文の冠は無文羅に文様を刺繡したものとなり、それを繁文の冠とよんだ。

しかも文様は、近衛・九条・一条・二条・鷹司の五摂家ごとに、五種類の文様が生じた。当時の公家は五摂家いずれかの門流に所属しており、また、天皇も五摂家のいずれかが冠《かんむり》親《おや》（元服時に冠を被せる役）となったために、五摂家以外の公家や天皇は、それぞれが関係する五摂家の文様を使用した。ただし、大正天皇以後の天皇は十六菊文様となった。

一方、無文の冠はやはり無文羅で作り、日陰の上部に文様をひとつだけ刺繡。また纓に霞を入れて、遠文の冠といった（図5）。

文様が密集しているから繁文であり、
文様が離れているから遠文である。

図7　強装束の肌着姿（肌小袖・大口）。『日本の服装』を資料に作画

②肌着——肌小袖・大口・単

肌小袖　柔装束での束帯の肌着は

大口と単である。しかし、強装束以降は大口の下に肌小袖を着用する（図7）。そこで肌小袖から解説する。

　肌小袖は、平安時代以来、防寒用として臨時に着用されていた。これが季節を問わず、男女装束すべての肌着として定着するのが強装束以降である。この肌小袖こそ和服の原型である。

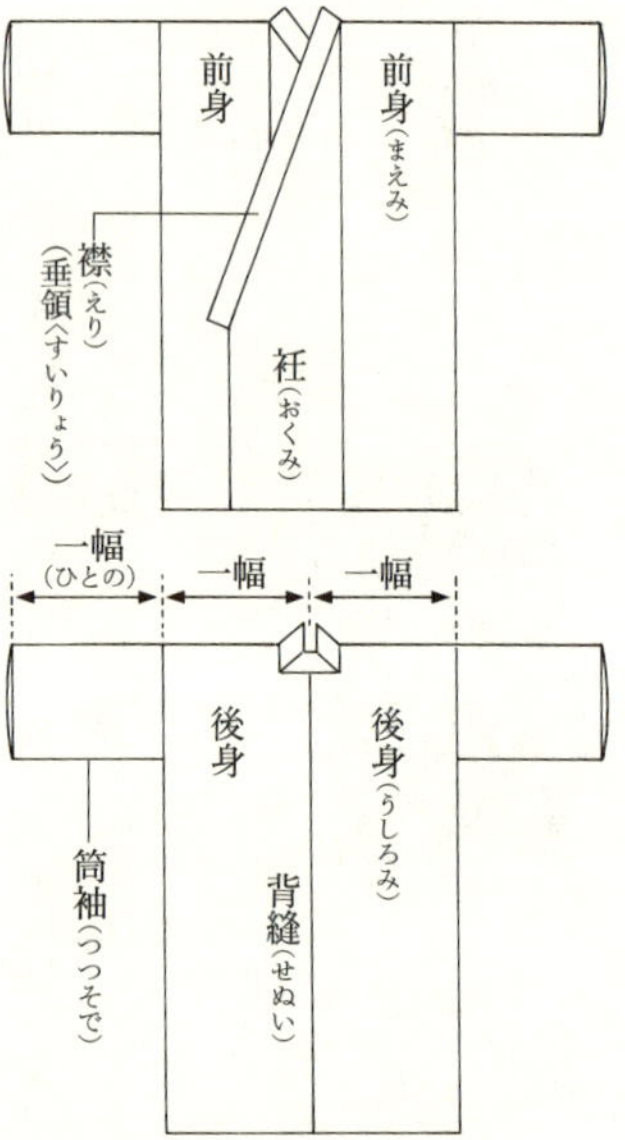

図8　肌小袖図（正面・背面）。著者作図

　その構造は、身《み》二幅《ふたの》・筒袖《つつそで》一幅《ひとの》・垂領《すいりょう》・縫腋《ほうえき》・対丈《ついたけ》である（図8）。また、肌小袖の材質は平絹の袷《あわせ》。色は白が原則である。袷とは裏地が付いていることをいう。また、白とは何も染めていないということである。

　ところで、この肌小袖の構造の表し方は、装束や和服すべてに共通する構造的特徴を表示する方法である。これはもっぱら和裁用語であるが、本書では、これからこのような形ですべての装束の構造的特徴を示していく。そこで図8を参考に、以下の解説をよく理解していただきたい。

身二幅　身とは後身《うしろみ》のことである。幅《の》とは生地の織幅《おりはば》（機織機《はたおりき》の幅）つまり反物《たんもの》の幅のことである。反物の幅ひとつが一幅、ふたつが二幅である。一幅の寸法は、絹地と布地の違いや時代によって一様ではないが、数十センチである。

肌小袖は和服の原型だから、その構造は和服や浴衣《ゆかた》で考えられる。それらの後身の中央には必ず縫目《ぬいめ》がある。これを背縫《せぬい》という。これは反物を横に裁った生地を二枚並べて縫い付けているからである。これが身二幅である。逆に後身に背縫があればすべて身二幅である。

洋服が体各部の寸法を測り、型紙を作って生地を曲線裁ちして作るのに対し、装束や和服は生地を縦横斜めに直線裁ちして作る。だから、身二幅などという構造表示ができる。つまり、洋服は各人の体のサイズに合わせて作るものだが、和服は誰でも着用できる一律のサイズで作り、着用時に体に合わせるのである。

筒袖《つつそで》と垂領《すいりょう》　筒袖は柔道着や空手着のような筒状の袖をいい、肩の縫い付けから袖口までが一幅である。筒袖は当然袖口が狭いが、狭い袖口の着衣だから小袖である。

垂領は「たりくび」とも読む。これは襟《えり》の形である。和服の襟は前身に直接縫い付けず、前身に台形状の生地が付いて襟が付く。この台形状の生地を衽《おくみ》とよぶ。衽があるから前が合わさる。逆に衽に襟が付き、襟が斜めに下がる形になるから垂領というのである。

右衽《うじん》と左衽《さじん》　ちなみに装束や和服の前身の合わせ方は、男女ともに右が先で左が後である。これを右衽という。逆が左衽（左前）であり、左衽は和服では死人に用いられる。しかし、洋服は男子が右衽で、女子が左衽である。右衽・左衽の別は国や民族で異なり、日本でも右衽に統一されたのは養老三年（七一九）である。なお、右衽・左衽の簡単な見分け方は、胸元の合わせ目に右手が入れば右衽、左手が入れば左衽である。

縫腋《ほうえき》と対丈《ついたけ》　縫腋は前身と後身を縫い合わせることをいう。これに対し、縫い合わせないのを闕腋《けってき》（欠掖）という。現在の和服では縫腋が当たり前だが、男子装束では上着も下着も闕腋が多い。丈は全体の長さであり、対丈は足首までの長さ、つまり等身丈をいう。

肌小袖の和服への過程　肌小袖の和服への過程についても少しふれたい。まず和服の構成は、肌小袖を複数枚着用し、それを帯で束ねた状態である。これを重小袖《かさねこそで》の着流《きながし》とよぶ。つまり構成面では、それまで肌小袖の上に着用した様々な着衣や袴が省略されて和服となる。つまり構造面では、袖が変化する。つまり肌小袖の筒袖の袖口のまま、袖の下部に膨らみつまり袂《たもと》が形成されたのが和服である。

留袖《とめそで》と振袖《ふりそで》　身と衽は縫い合わせるのが原則であり、それを留袖とよぶ。男女ともに重小袖の着流が定着した江戸時代には（特に元禄頃から）、若年の女子用として長寸の衽の小袖が流行した。これは身と衽を縫い合わせると帯ができないので、縫い合わせなかった。これが振袖である。振袖は袖丈は長いが、袖口は筒袖のままである。だから小袖である。

現在では、留袖は振袖に対して袖丈が短いものと理解されている。しかし、それは誤解である。また現在の留袖は衽全部を身に縫い付けていない。これは明治時代以降に帯の幅が広くなったためである。また、江戸時代までの小袖の遺品のなかに、衽全部を身に縫い付けていないものがある。それは明治時代以降に着用のために、帯の幅の広さに合わせて衽を綻ばせた結果である。つまり現在の留袖は明治時代に成立した新様式である。

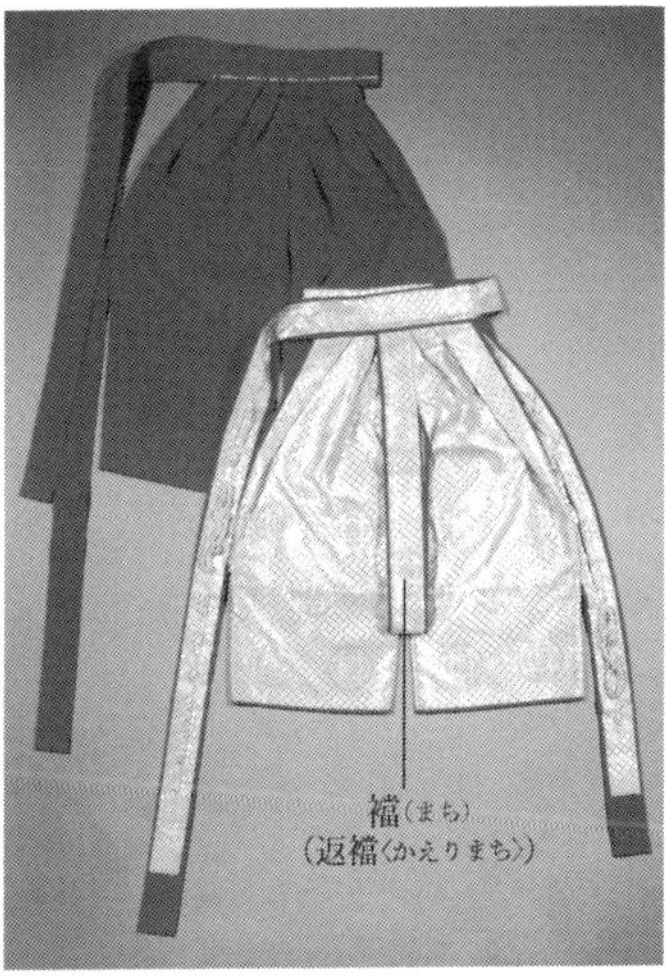

図9　大口と表袴（下）。
鈴木敬三編著『古典参考図録』（國學院高等学校、2002年。以後、『図録』）より

大口　大口は束帯の肌袴《はだばかま》である

（図7・9）。男子装束では、袴は肌袴と上袴《うわばかま》の二枚着用が原則であり、束帯では、大口が肌袴、表袴が上袴である。柔装束では、大口は文字通りの肌袴であり、その下には何も着用しない。しかし、強装束以降は大口の下に肌小袖を着用し、大口で肌小袖を束ねた。着衣を袴で束ねることを「着籠《きご》める」という。

大口の構造は、四幅《よの》・対丈・腰一本の切袴《きりばかま》である。袴の四幅とは左右二幅ずつをいう。縫目は左右の外側と股の左右内側にある。対丈は裾の長さが足首までをいう。腰一本とは、腰紐が一本のことである。一本の腰紐を左腰を回って右腰で前後に出るように取り付ける。この紐を右腰で交差させて左腰で結んだ。袴の腰紐は前後二本がふつうだが、束帯の大口と表袴、公家女子装束の長袴《ながばかま》は腰一本である。切袴とは裾括のない袴をいう。

大口の材質は平絹。引返《ひっかえし》の裏打とよぶ袷である。引返は、表地を裾で折り返してそのまま裏地にしたものである。そこで大口の裾には縫目がない。色は赤を原則とし、束帯の大口のことを特に赤の大口とよぶ。これは白の大口もあるからで、それについては後述する。ところで、赤という色は、茜という染料で染めた緋《あけ》と、紅花《べにばな》で染めた紅《くれない》（火色《ひいろ》とも）の両方をいう。大口の赤も両方である。

ただし、大口の色は年齢で相違があり、ごく若年は茜と紫根《しこん》という紫の染料で染めた濃色《こきいろ》という色を用い、老年は朽葉色《くちばいろ》（薄茶色）、宿老は白である。なお、老年用装束を総称して宿徳《しゅくとく》装束とよぶ。

単　単は単衣《ひとえぎぬ》の略称であり、裏地が付かない。構造は、身二幅・広袖《ひろそで》一幅・垂領・闕腋・腰丈である（図10）。

このうち広袖は袖丈が長く、丈のすべてが袖口となった袖をいう。図7・8の肌小袖と図10の単の袖口の広さの違いを比べれば一目瞭然であろう。肌小袖を除き、装束の袖はすべて広袖である。腰丈は現在のシャツのような腰までの長さをいう。

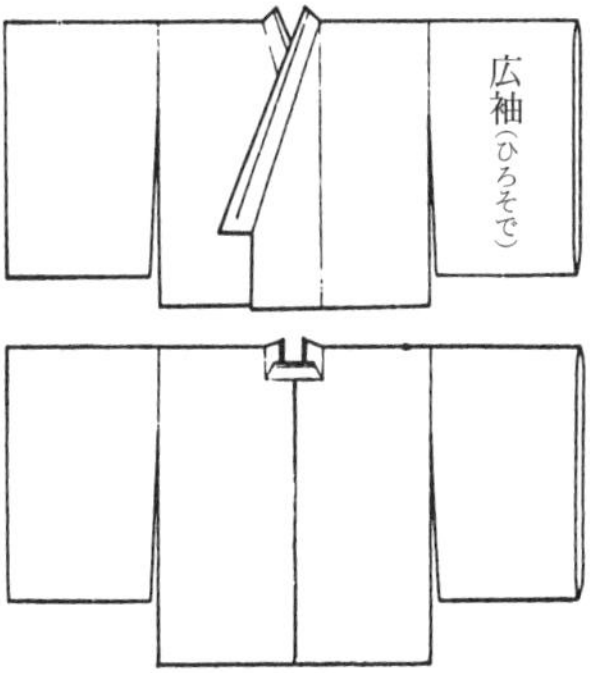

図10　単図（正面・背面）。『図集』より

材質は平絹または綾《あや》である。綾は有文の高級な絹地であり、有文のうち公家装束でもっとも多用された。単の文様は菱文様が多い。色は大口同様に赤が原則。年齢による区別があった。

綾　ここで綾についてまとめておく。綾の基本つまりふつうに綾といえば、固地綾《かたじあや》である。生地は経糸《たていと》に緯糸《ぬきいと》（横糸）を絡めて織り出される。また、有文の生地は、文様の部分と文様がない地《じ》の部分に分かれる。

固地綾の組織は、地が経三枚綾《たてさんまいあや》、文様が緯六枚綾《ぬきろくまいあや》となる。一方、平安時代に宋から伝来した綾に唐綾《からあや》があり、綾地綾《あやじあや》ともいう。その組織は、地は経六枚綾、文様は緯六枚綾である。

この何枚というのは糸の本数であり、綾とは経緯の絡み方をいう。つまり経三枚綾とは、経緯の絡み方が織り出された結果として、経糸が緯糸を二本跨いで三本目に絡まる状態をいい、経六枚綾は、経糸が緯糸を五本跨いで六本目に絡まる状態をいう。緯六枚綾は、緯糸が経糸を五本跨いで六本目に絡まる状態をいう。つまり文様は緯糸で出す。経六枚綾は地にも文様に近いものが出る。そこで綾地綾という。

また、公家装束に多用される有文絹地に浮織物《うきおりもの》もある。浮織物は、地が経三枚綾で、文様部分は緯糸のみで経糸が絡まない。そこで文様が浮き出るように見えるために浮織物とよぶ。

大帷《おおかたびら》　束帯の肌着の最後に、大帷（大帷子）についてふれておこう。単同型で布製の着衣である。盛夏の汗取用肌着として、柔装束では単の替わりや単の下に着用され、強装束以降は肌小袖の替わりに着用された。ちなみに絹地よりも布地の方が汗などの水分を吸い取りやすい。

なお、室町時代には、大帷の袖先と襟周に単の生地を取り付け、襟にはさらに下襲の生地を取り付けた、袖単《そでひとえ》とよぶきわめて簡略な束帯の下着が成立した。この袖単に、大口・表袴・別裾《べっきょ》（後述）・位袍を着用すれば、外見上は通常の束帯を着用しているようにみえた。

③下着——衵・打衣・表袴・下襲・半臂

衵　衵は袙とも書く。衵衣《あこめぎぬ》の略称であり、ただ衣《きぬ》ともいう。構造は単同型（図10）だが、袷が原則である。材質は平絹または綾である。

色は赤を原則とし、風流《ふりゅう》の一日晴《いちにちばれ》といって、祭礼や特別な公事の日には、その日だけ特別に着用を許されるものがあった。衵では風流として赤以外の色を用い、それを染衵《そめあこめ》とよぶ。肌小袖定着以前は寒暖の調節を衵で行い、冬は防寒用に重ね着や綿入も可能であった。逆に夏は省略も可能で、物具では裏地を剥いで表地だけを着用した。これを「ひへぎ」とよぶ。肌小袖定着以後は物具のみの着用となり、明治時代以降は皇族のみの着用となる。

打衣　打衣は打衵で、擣衣とも書く。物具用で、衣紋を調える目的で着用した。構造・材質などは衵同様だが、相違点は表地に「打《うち》」という処理を施した点である。打とは生地に布糊《ふのり》を付け、砧打《きぬたうち》とよび、乾燥後に砧台《きぬただい》の上に置いて杵《きね》で叩き、糊のゴワゴワ感を取り除く。同時に生地の糸の絡み目を潰した。砧打するから打である。さらに「瑩《よう》す」といい、二枚貝の貝殻で表面を磨く。これにより生地に強い張りが出て、撥水効果も高まった。こうした打衣を着用すると、特に柔装束では、上着である位袍の両肩の線に張りが出る。これが衣紋を調えるということである。

板引《いたびき》　ところで、布糊を付けただけでは「張《はり》」という。強装束以降、この張の新技術が成立。板引である。板引とは、現在に伝承された方法によれば、黒漆塗の板に胡桃油《くるみあぶら》・生蠟《なまろう》・布糊を塗り、生地を置いて乾燥後に引き剝がす。そこで板引というが、これにより生地の表面には胡桃油・生蠟・布糊が混ざって固まったものが付着する。それが打と同様の感触と光沢を生んだ。つまり板引とは、張の工夫で打と同様の効果を生み出す技術である。

この新技術の成立で、打衣は板引製となり、また、下着類の裏地にも板引が多用された。強装束の特徴は板引の多用にもあった。

表袴　表袴（図9）は、束帯の上袴である。単・衵・打衣はこの表袴に着籠めた。

その構造は、四幅・対丈・腰一本の切袴である。ここまでならば大口同様だが、引返ではなく通常の袷であり、開袴式《かいこしき》という特徴がある。これに対し、大口は閉袴式《へいこしき》である。

まず閉袴式とは、袴の左・右を股の部分で縫い付けることをいう。表袴以外の肌袴・上袴はすべて閉袴式である。ところが、表袴は、左・右の股の部分に襠《まち》（返襠《かえりまち》）とよぶ生地を取り付け、右側の襠を左側の襠に重ね合わせるだけで縫い付けず、左・右は腰紐だけで連結する。これが開袴式である。表袴を左・右から引っ張ると襠の部分が開く。そこで開袴式とよぶ。これは表袴だけの様式である。

開袴式の目的は、歩行時の足の運びをよくするためである。男子の小用のためではない。小用のためならば、大口も開袴式でなければならない。この開袴式のために、表袴は腰一本の在り方も大口とは相違し、腰一本は正面で交叉。そのまま交叉させて、大口とは逆に右腰で結んだ。

なお、表袴は、膝から下の部分を材質は同様だが別地にする。この膝から下の部分を膝継《ひざつぎ》とよぶ。つまり膝の部分に縫目がある。膝継部分は、前・後の生地を外側・内側ともに縫い付けているが、膝継より上の部分は、開袴式であることと合わせて、前・後の生地を縫い付けない。そのうち左・右外側の縫い付けていない部分を股裁《ももだち》とよぶ。つまり表袴を着用すると、股裁のために腿の外側左・右が大きく開く。

表袴の色は、表地が白、裏地が赤が原則である。ただし、裏地の色は年齢で相違し、若年は濃色、老年は白である。若年は大口や単も濃色である。そこで若年用の束帯を濃装束《こきしょうぞく》ともよぶ。なお、表袴の袷は、裏地が表地よりもやや大型であり、表地の端から裏地がのぞく。つまり表地の白から裏地の赤がのぞく。これを「おめらかす」といい、裏地がのぞいた部分を「おめり」という。また、表袴は大口よりも少しだけ丈を短く仕立てた。これにより表袴の裾からは、大口の裾ものぞく。

表袴の材質と身分規定　表袴の材質には厳格な身分規定がある。これは、表袴が束帯着用時に位袍の裾からのぞき、外見できるからである。これに対し、肌小袖・大口・単・衵・打衣の材質には身分規定がない。これは束帯着用時に外見できないからである。束帯をはじめとする装束の身分規定はあくまでその装束を着用時に外見できる部分だけに限られる。

表袴の身分規定は、まず天皇を含めた公卿以上は、表地が浮織物を基本に綾もあり、裏地は平絹。殿上人以下は表裏平絹である。表地に綾などの有文の生地を使用できるかどうかが、束帯の身分規定の基本である。なお、強装束以降は裏地はどちらも板引となる。

公卿以上は表地が有文絹地であるから織文様がある。浮織物の場合は窠《か》に霰《あられ》文様（図11―①）が通常である。ただし、壮年の場合は八藤丸《やつふじのまる》文様（図11―②）の綾の場合もある。窠に霰文様は、小型の正方形を並べた霰地（市松《いちまつ》模様とも）に窠とよぶ鳥の巣を図案化した丸文様を加えた。八藤丸文様は円周の内側に一対の藤の花を四つ並べた意匠である。一対の藤の花四つで八藤である。

表袴は腰紐も身分対応の生地による袷であり、やはり裏地をおめらかした。また、表差縫《うわざしぬい》とよび、先端を飾結《かざりむすび》にした白の撚紐《よりひも》を、装飾として点々と差し貫いた。

束帯の身分規定　ところで、公卿以上の表地の生地は禁色の対象である。束帯の身分規定は、冠は位階制に基づき、五位以上・六位以下で区別した。これに対し、表袴は新身分秩序に基づき、公卿以上・殿上人以下で区別する。束帯の身分規定は、ほかに位袍が位階制、下襲・半臂が新身分秩序に基づく。身分下位者にとっての身分上位者の生地そのもの、または身分下位者による身分上位者の生地の使用を禁止することを禁色とよぶ。この禁色の僭越《せんえつ》（身分下位者が身分上位者の禁色を使用すること）は、位階制に基づく冠・位袍では勅許されることはない。しかし、新身分秩序に基づく表袴・下襲・半臂では、天皇ミウチの一部の四位の殿上人や蔵人頭以下蔵人には勅許される。これを禁色勅許とよぶ。このことの意味は、摂関制という政治体制の特質とも関わって非常に重要である。それは、位袍までを解説してから改めて解説する。いずれにしろ、束帯の身分規定は厳格であり、そこで束帯は装束の可視的身分標識という機能をもっとも発揮する装束となる。

下襲　下襲の構造は衵と同型だが、後身が長寸である点を特徴とする（図12）。この長寸の後身を裾《きよ》（尻《しり》とも）とよぶ。裾の長さは、本来は纔着《さいじゃく》といって地面にわずかに着く程度であったが、時代の下降とともに、身分に応じて長寸化した。それに対する禁制も出されるが止

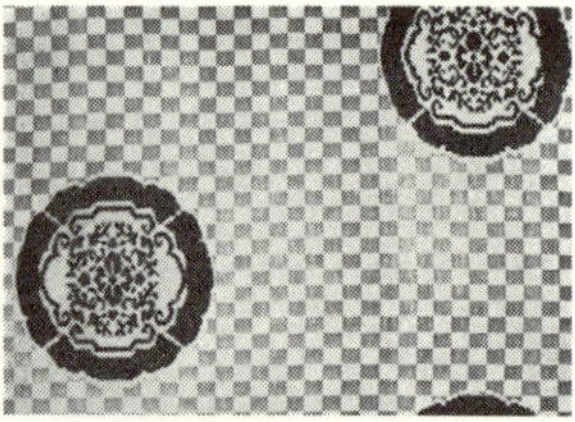

11－①　窠（か）に霰（あられ）

11－②　八藤丸（やつふじのまる）

11－③　小葵（こあおい）

11－④　唐花丸（からばなのまる）

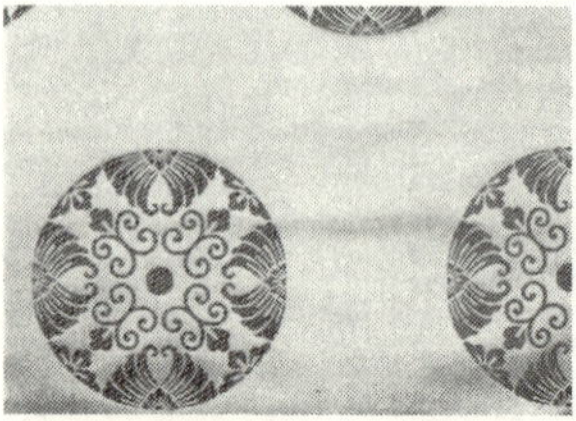

11－⑤　臥蝶丸（ふせちょうのまる）

11－⑥　三重襷（みえだすき）

11－⑦　桐竹鳳凰（きりたけほうおう）

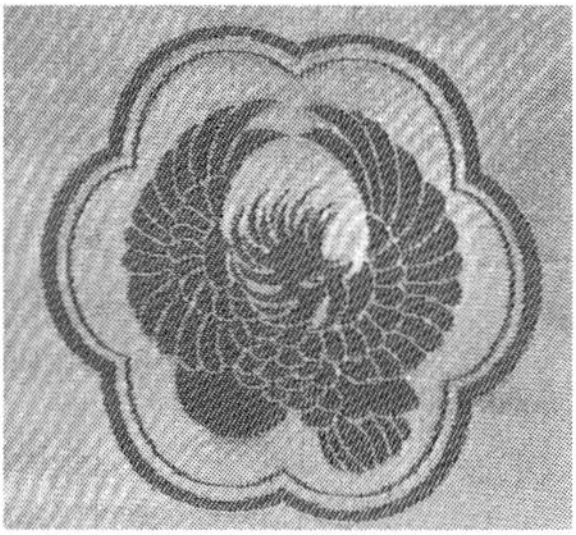

11－⑧　鴛鴦丸（えんおうのまる）

11－⑨　雲鶴（うんかく）

11－⑩　藻勝見（もかつみ）

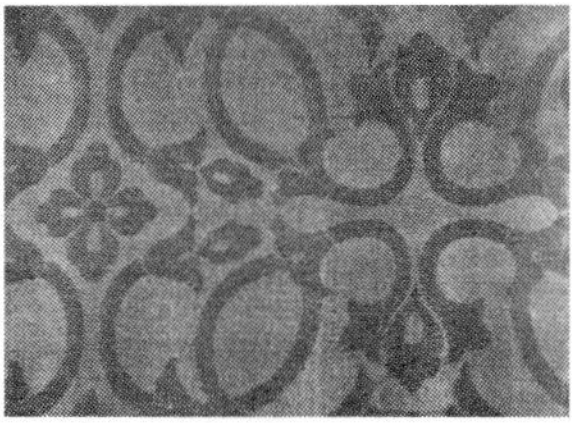

11－⑪　輪無唐草（わなしからくさ）

11－⑫　轡唐草（くつわからくさ）

11－⑬　鳥襷（とりだすき）

図11　装束文様一覧
11－⑧は鈴木敬三編『有識故実大辞典』（吉川弘文館、1996年）より引用。
それ以外は歴世服装美術研究会編『日本の服装　上』（吉川弘文館、1964年）より引用

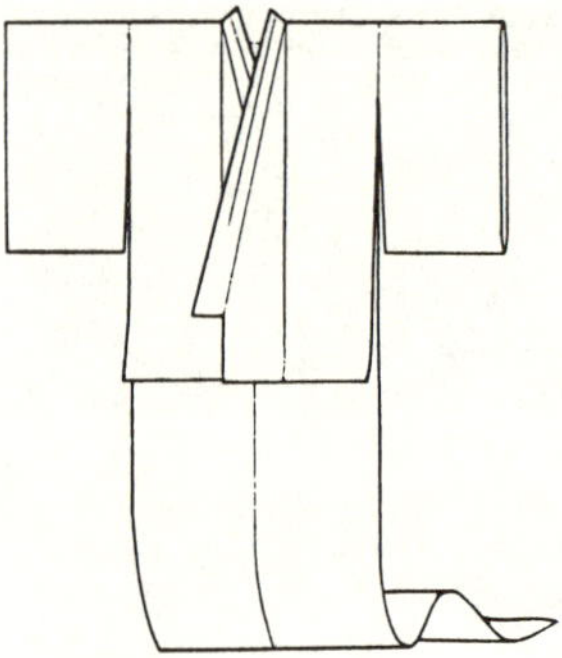
図12　下襲図。『図集』より

まず、束帯を特徴付ける大きな要素となる。強装束以降は、さらに長寸化し、もっとも長寸の天皇では、踵から一丈二尺（約三六三センチ）、腰からでは一丈六尺（約四八四センチ）にも及んだ。幼帝はその身長に応じて長さを調節した。

一方で、強装束以降は長寸した裾の処理が困難となったために、下襲本体と裾が分離。これを別裾《べっきょ》とよぶ。別裾には腰紐が付き、袙同型となった下襲本体を着用してから腰に結んだ。ただし、天皇は強装束以降も裾が一体の下襲を着用。これを続下襲《つづきのしたがさね》とよぶ。

下襲の色と材質には厳格な身分規定がある。同時にこれまでの肌着・下着にはない季節区別がある。下襲に限らず季節区別は、冬は袷、夏は裏地のない一重《ひとえ》となるのが原則である。また、夏は材質が薄物になる。

なお、「ひとえ」の表記は単でもよいが、本書では単は肌着に限定し、それ以外の裏地のない衣は一重と表記する。また、裏地を剝いだ一重の袙を「ひへぎ」とよぶことは既述したが、一重の下襲や半臂も「ひへぎ」と称することがある（本書冒頭引用）。

冬・夏の身分規定　まず冬の材質・色である。色は表地が白、裏地が濃蘇芳《こきすおう》が原則。ここに身分規定はない。蘇芳は熱帯産の香木。紫に近い黒みがかった赤の染料になる。濃蘇芳は黒みが増した蘇芳である。こうした白と蘇芳（濃蘇芳）の配色を躑躅襲《つつじがさね》とよぶ。こうした生地の配色による色を襲色《かさねいろ》とよぶが、詳細は後述する。なお、下襲も風流では表裏の色を変えて様々な襲色がある。

公卿以上の冬の材質は表裏ともに綾。表地の文様は、平安時代は唐花丸《からばなのまる》文様、鎌倉時代以降は臥蝶《ふせちょうのまる》丸文様（図11―④・⑤）。裏地の文様は、天皇や摂関は縦菱《たてびし》文様。臣下は横菱《よこびし》文様である。なお、天皇の表地の文様は、近世は小葵《こあおい》文様（図11―③）となる。一方、殿上人以下は表裏ともに平絹である。また、強装束以降は身分不問で裏地は板引となる。

唐花丸文様は華文綾《かもんりょう》ともよび、四弁の花の図案の丸文様である。臥蝶丸文様は浮線綾《ふせんりょう》ともよび、円周の内側に四匹の羽を広げた蝶を図案化したものである。縦菱文様は縦長の菱形、横菱文様は通常の横長の菱形である。小葵文様は唐花唐草《からばなからくさ》文様の一種であり、主に天皇などで多く用いる文様である。

なお、八藤丸・唐花丸・臥蝶丸・縦菱・横菱の各文様はいずれも、生地に文様が点々と配

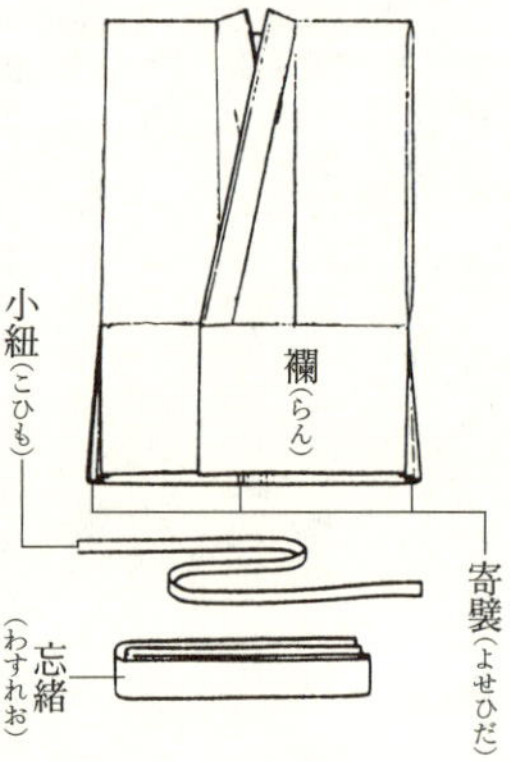

図13　半臂図。『図集』より

置される。こうした文様の配置を文様間に距離があるために遠文とよび、大文ともよぶ。一方、窠に霰・小葵などの文様は、文様が密集しているため繁文とよぶ。

　夏の材質は、公卿以上・殿上人以下ともに縠織《こめおり》とよぶ薄物の一重。公卿以上は有文縠織。これを縠紗《こめしゃ》とよぶ。色と文様は冬の裏地と同様である。殿上人以下は無文縠織。色は二藍《ふたあい》。二藍は藍と紅（呉藍《くれあい》）の二度染による色である。

　公卿以上の生地は、冬・夏ともにやはり禁色の対象であり、殿上人での使用は勅許が必要である。

半臂　半臂の構造は、身二幅・垂領・縫腋・有襴《うらん》・腰丈で無袖である（図13）。有襴とは裾に襴が付いていることをいう。襴は一幅の横裂《よこぎれ》。その左右と背後に寄襞《よせひだ》（プリーツ）が入る。襴の目的は歩きやすくするためである。半臂の腰は小紐《こひも》で結び、小紐の左腰に忘緒《わすれお》とよぶ幅広の帯を三重に畳んで挟んで垂らした。

　材質は身分規定と季節区別のほかに身と襴の区別があり、さらに時代的な変化や異説もあって複雑である。

まず冬は、公卿以上は、身は袷。表地が黒綾・小葵文様。裏地が黒平絹。襴は一重。黒有文羅・三重襷《みえだすき》文様（図11―⑥）。または黒無文羅。三重襷文様は襷文様のなかに横菱と四菱を加えた文様である。殿上人以下は、身は袷。襴は一重。身の表裏と襴ともに黒平絹。

夏は、公卿以上は、身・襴ともに一重。身は黒穀紗・三重襷文様。襴は冬同様。殿上人以下も、身・襴ともに一重。ただし、二藍無文縠織。

なお、小紐は身分・季節にかかわらず黒平絹。忘緒は季節にかかわらず身分対応で襴同様である。やはり公卿以上の生地は禁色の対象であり、殿上人での使用は勅許が必要である。

半臂着用の時代的変遷　半臂は下着類（特に表袴に着籠めない下襲）を束ねる目的で着用した。しかし、文官の冬の束帯では、位袍が縫腋で袷となる（後述）関係で、半臂の着用が外見できない。そこで院政期には不着用が原則となり、半臂の着用は外見できる場合に限定された。それは次のような場合である。

まず文官の夏は、位袍の材質が薄物・一重で（後述）、半臂が透けるために着用した。また文官の冬でも、公事によっては袒《かたぬぎ》といって位袍の右肩や両肩を肩脱ぐことがあり、その際は着用した。武官は、季節を問わず位袍が闕腋であり（後述）、闕腋部分から半臂の襴がはみ出すために着用した。なお、天皇は季節にかかわらず着用した。

　さらに強装束以降は身と襴が分離した切半臂《きりはんぴ》とよぶ半臂が成立する。これに対し、本来の半臂は続半臂《つづきのはんぴ》とよび、続下襲と同様に天皇用となる。切半臂が成立してからは、半臂着用の機会は複雑化する。つまり文官は、夏と袒の場合は身のみ着用。武官は、冬は襴のみ着用。身・襴ともに着用するのは、武官の夏のみとなる。室町時代には天皇以外は半臂は省略。江戸時代には武官でのみ半臂の着用が復活する。現在では天皇も着用しない。

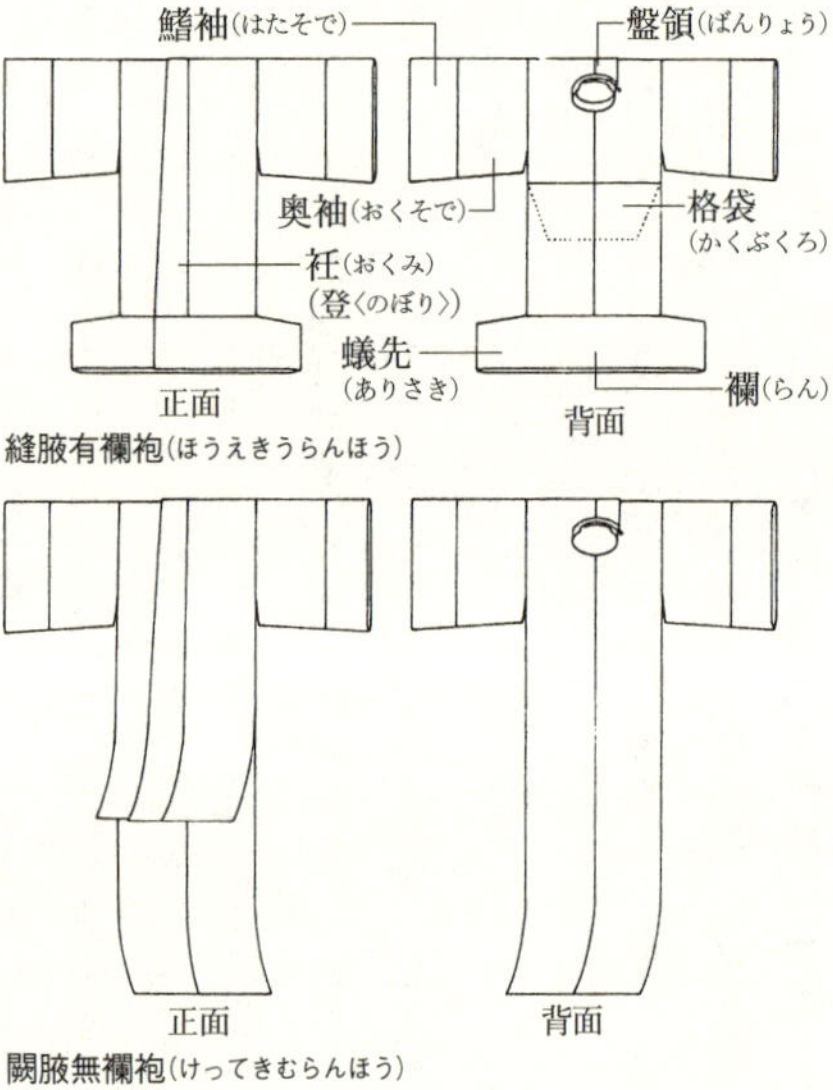

図14　縫腋有襴袍と闕腋無襴袍図（正面・背面）。『大百科』より

④上着――位袍

位袍　位袍は表衣《うえのきぬ》ともよぶ。その構造は三種類ある。身二幅・広袖一幅半・盤領《ばんりょう》を共通とし、①縫腋・有襴・入襴《にゅうらん》、②縫腋・有襴・蟻先付《ありさきつき》、③闕腋・無襴《むらん》の三種類である（図14）。

まず共通部分から。肌着・下着が広袖一幅であるのに対し、位袍は広袖一幅半である。つまり半幅分長い。身側の一幅分を奥袖《おくそで》、袖先の半幅分を鰭袖《はたそで》とよぶ。この鰭袖のある広袖は装束によっては二幅の場合もあるが、肩衣を除く男子装束の上着すべてに共通する特徴である。なお、上着が袷の場合は、鰭袖部分の裏地は袖先で表地を引返とする。

盤領は「まるえり」とも読み、頸上《くびかみ》ともよぶ。学生服の詰襟類似の襟であり、公家男子装束の上着はすべて盤領である。盤領にも衽が付く。盤領の衽は登《のぼり》ともよぶ。盤領の留め方は入紐式《いれひもしき》といい、蜻蛉《とんぼ》と羂《わな》で留める。蜻蛉は頸上右端に取り付けた先端を小型球形とした緒所。羂は頸上右側面に取り付けた輪状の緒所。蜻蛉を羂に引っかけて留める。盤領は本来は頸に密着し、下着の襟ははみ出さなかった。しかし、江戸時代には頸上の径が拡大。下着の襟がはみ出すようになる。

三種類の位袍　三種類の位袍の構造の相違点は、まず縫腋か闕腋かであり、縫腋は有襴、闕腋は無襴である。襴の目的は半臂と同じく歩きやすくするためである。そこで歩き（動き）

やすい闕腋には襴は不必要である。なお、盤領・闕腋・無襴の上着を襖《おう》ともよぶ。そこで闕腋の位袍は位襖《いおう》ともよぶ。

有襴の区別は入襴か蟻先付かである。入襴は、朝服の位袍から続く古様な様式。襴の左右に寄襞を入れる（図1）。一方、蟻先付はその寄襞を外側に引っ張り出した様式（図14）。引っ張り出した部分を蟻先とよぶ。蟻先付は束帯になって出現した。

入襴・蟻先付ともに縫腋袍は、どちらも後腰の部分が大きなポケット状になっており、格《かく》袋《ぶくろ》または「はこえ」とよぶ。また、位袍の腰は石帯とよぶベルト（後述）で束ねるが、石帯は前身を弛《たる》ませてから締める。これを懐《ふところ》を作るという。懐も格袋も石帯で腰を束ねた時に、腰の自由を確保するための処置である。格袋も朝服では着用ごとにたくし上げていたようだが、それを簡便にするために縫い付け、格袋となったらしい。なお、闕腋袍には格袋はなく、後身の裾は下襲の裾の長さに比例して長くなる。

三種類の位袍はそれぞれ着用者を別にする。縫腋袍は天皇以下文官用である。そのうち入襴は、朝廷の実務官人である弁官《べんかん》や外記《げき》が着用し、天皇神事用束帯である斎服や帛御衣も入襴である。

闕腋袍は武官と幼帝や未成年の皇太子が着用する。これは動きやすいからである。幼帝などは、髻がないので冠は被らず、髪型は耳の両側で束ねた「みずら」である。なお、未成年の臣下は束帯を着用しない。また、近衛大将・宰相中将《さいしょう》（参議兼官の中将）などの公卿の武官は縫腋袍である。つまり闕腋袍を着用する武官は殿上人以下の武官である。

位色　位袍には厳格な身分規定がある。上着であるから当然であろう。位袍の身分規定は下着の身分規定とは異なり、律令本来の位階制に基づく。生地の材質や文様も重要だが、特に重要なのは位階による色の区別、つまり位色《いしき》である。そこで束帯の上着を位袍とよぶ。

天皇・皇太子の位色　天皇の位袍の色は、白・黄櫨染・青色《あおいろ》・赤色《あかいろ》の四種類であり、公事によってその四種類を使い分けた。

白は、斎服や帛御衣の位袍の色であり、黄櫨染は、天皇正式の束帯の位袍の色である。白は弘仁十一年詔の帛衣からの継承であり、黄櫨染は同じく黄櫨染衣からの継承である。どちらも束帯の位袍では天皇しか使用できない色であり、この二色が天皇の位色といえる。白は何も染めていない清浄な色であり、そこで神事用となる。黄櫨染は櫨《はぜ》と蘇芳《すおう》を染料とする茶に近い色である。

なお、衣服令の服色の序列を記した部分によれば、白が筆頭に記され、皇太子の黄丹や皇族・臣下最高位の紫（後述）よりも上位であることから、奈良時代から天皇の位色は白と意識されていたのかもしれない。天皇についての記載のない日本の律令のなかで、天皇についての記載が垣間見られる稀有な部分である。

青色は、天皇略儀の束帯の位袍の色であり、麹塵《きくじん》・青白橡《あおしろつるばみ》などともよぶ。紫根《しこん》と刈安《かりやす》を染料とする黄緑に近い色である。赤色も、天皇略儀の束帯の位袍の色であり、一部の公事で使用した。赤白橡《あかしろつるばみ》ともよぶ。黄櫨《きはぜ》と茜を染料とする黒味がかった赤である。

ただし、青色・赤色ともに天皇の位色ではない。青色・赤色は天皇に限らず上皇や臣下も位袍の色として使用したからである。もっとも、文様は天皇とは異なった。

この四種類のうち、現在まで継承されているのは白と黄櫨染であり、青色・赤色は明治時代に廃止された。

皇太子の位色は、黄丹である。支子《くちなし》と紅花で染めたオレンジ色に近い色である。衣服令の規定では、礼服の上着の色であり、弘仁十一年詔で黄丹衣つまり朝服の上着の色に変更された。それが皇太子の束帯の位袍の色として継承され、現在まで継続する。

なお、上皇には位色はない。赤色・青色・黒（後述の臣下同様）などを束帯の位袍の色として適宜使用した。

装束の色　ここで装束の色についてまとめておこう。装束の色には、染色《そめいろ》・織色《おりいろ》・襲色《かさねいろ》の三種類がある。

まず染色は、織り上がった生地を染める。そこで原則的に一色であり、有文も地と文様部分が同色になる。束帯で用いられる色は、位色を含めて原則として染色である。

織色は、経糸と緯糸を別個に染めてから織る。織り上がった生地の色は、無文では経緯の融合色となり、有文では、地が融合色、文様部分は緯糸の色が強く出る。織色は、男子装束では指貫や狩衣、女子装束では女房装束の表着《うわぎ》や唐衣《からぎぬ》などに多い。また、江戸時代の天皇の青色も織色であり、経糸が緑、緯糸が黄となる。

襲色は、染色・織色のように染めた色ではなく、染色などの生地を重ねた配色をいう。これに袷の衣の表裏の配色と、衣を複数着重ねた配色がある。その名称はおおむね季節ごとの植物の名称などで表現される。冬の下襲の表裏である白と濃蘇芳の配色を躑躅襲といった具合である。襲色は、男子では下襲のほかに表袴や冬の直衣や狩衣にあるが、多用されるのは女子装束であり、女子装束のファッション性の根源となる。

皇族・臣下の位色　皇族（親王・内親王・王・女王）の位色は、衣服令の規定では、親王・内親王・王一位は深紫《ふかむらさき》、王二位以下は浅紫《あさむらさき》である。染料はともに紫根である。
なお、衣服令の皇族・臣下の位色は、五位以上の場合はいずれも礼服の上着の色であり、朝服もそれに準じた。六位以下・初位以上の場合は朝服の上着の色、無位は制服の上着の色である。

男・女臣下の位色は、衣服令の規定では、一位は深紫、二・三位は浅紫、四位は深緋、五位は浅緋、六位は深緑、七位は浅緑、八位は深縹《はなだ》、初位は浅縹、また無位は黄である。染料は、深緋は紫根と茜、浅緋は茜、深緑は藍に刈安、浅緑は藍に黄蘗《きはだ》、深縹・浅縹はともに藍、黄は刈安である。青色はブルーではなく、縹がブルーである。

濃くなる位色　こうした位色はすべて原色で、深・浅の差は微妙なものであった。そこで同色深・浅の位色で下位者が上位者の色を希求するのが人情であり、奈良時代以来、簡単にいうと位色はどんどん濃くなる傾向にあった。その結果、摂関期以降は、皇族と臣下四位以上は黒（橡《つるばみ》や五倍子《ふし》鉄漿《がね》染）、五位は深緋、六位以下（実質的には六位のみ）は深緑となった。ただし、検非違使・弾正台《だんじょうだい》・外記・史《し》などの五位は本来の浅緋を使用し、朱紱《しゅふつ》（紅花染）とよぶ。また、深緑は黄色の染料である刈安が退色しやすく、院政期以降、六位以下は深縹となる。

位袍の材質と文様　位袍の材質には、身分規定と季節区分がある。冬は袷。五位以上は表地が綾、裏地が平絹。六位以下は表裏平絹である。夏は一重。五位以上は縠紗、六位以下は無文穀織である。位袍の身分規定は位階制に基づく。

位袍の文様は、天皇・皇太子・皇族・臣下でそれぞれ異なる。ただし、季節の別はなく、冬・夏同じ文様を原則とした。

天皇の文様は、黄櫨染・青色・赤色いずれも桐竹鳳凰《きりたけほうおう》文様である。文字通り桐・竹・鳳凰を配した文様である。こうした文様が天皇の位袍の文様となったのは、延喜七年（九〇七）以降らしい。また、当初の桐竹鳳凰文様はそれぞれを生地全体に織り出した総文様であったが、鎌倉時代以降は、桐・竹・鳳凰に州浜《すはま》（水辺の図案化）を加え、さらに麒麟《きりん》を加えて箱型に納め、それを一つの文様として生地に遠文として配する様式（図11―⑦）に変化する。この箱型の桐竹鳳凰文様が天皇の位袍の文様として現在まで継承されている。なお、斎服・帛御衣の位袍は無文である。

皇太子の文様は、窠中《かちゅう》（六花形《ろっかがた》とも）に唐鳥《からどり》を配した文様で、後世鴛鴦丸《えんおうのまる》文様とよぶ（図11―⑧）。親王の文様は、雲中に鶴が飛ぶ雲鶴《うんかく》文様であり（図11―⑨）、上皇の文様は、窠中桐《かちゅうきり》竹《たけ》文様・八曜菊《はちようぎく》文様・尾長鳥唐草《おながどりからくさ》文様など様々である。なお、皇太子と親王の文様は現在も継承されている。

臣下の文様は様々である。平安時代には浮草《うきくさ》（勝見《かつみ》という）と藻を図案化した藻勝見《もかつみ》文様

（図11―⑩）、鎌倉時代には輪無唐草《わなしからくさ》文様や轡唐草《くつわからくさ》文様などの唐草文様が流行する（図11―⑪・⑫）。その他多数の文様があったが、院政期以降、摂関家などの家の成立に伴い、位袍の文様にも家ごとに定まった家流が成立した。

束帯の身分　当然のこととして、上位者の位袍は下位者にとって禁色の対象である。しかし、位袍の禁色は下位者には決して勅許されない。これは下着の禁色との大きな相違点である。ここで、禁色を軸に束帯における身分制についてまとめたい。

まず下着（表袴・下襲・半臂）の禁色は、新しい身分秩序に基づく。しかもその禁色は天皇ミウチの一部の四位の殿上人や蔵人頭以下蔵人には勅許される。これに対し、上着（位袍）の禁色は、位階制に基づき、その禁色は下位者にはけっして勅許されない。

つまり束帯における身分区別は、上着で本来の身分を表示し、上着からはみ出す下着で禁色勅許者つまり天皇ミウチであることを表示した。この二重構造こそ束帯における身分区別の大きな特徴である。

第三章　束帯の装身具と武具

一　装身具・持ち物・履物

①装身具――石帯・魚袋

石帯　石帯は通称であり、「いしのおび」とも読む。厳密にはただの帯であり、この帯で位袍の腰を束ねた。そこで束帯の名称がある。衣服令では「腰帯《ようたい》」とあり、革帯《かくたい》や胡帯《こたい》ともよぶ。帯といっても、その構造は現在と同様のバックル式のベルトである。ベルト本体を床《とこ》とよび、材質は黒革。バックル部分を鉸具《かこ》、鉸具と逆側の先端を鉈尾《だび》とよぶ。

この帯は長寸であり、鉸具を締めた後の余りも長い。位袍の腰にはベルト通は付いていない。そこでその長い余りは背後に回して上から帯に挟んだ。その帯に挟んだ余りの部分を上《うわ》手《て》とよぶ。

銙《か》とよぶ装飾　床には銙とよぶ装飾を複数個（十〜十数個）取り付ける。鉈尾にもひとつ取り付けることもあった。銙の材質は金属や鉱物であるが、その形状や材質が帯の名称や、使用区別のもととなる。石帯の通称は、銙の材質として白石が一般的だったからである。

銙の形状には、方形の巡方《ずんぽう》と円形の丸鞆《まるとも》があり、上円下方の櫛上《せつじょう》もあった。鉈尾の一銙は櫛上を横に取り付けたものである。それぞれに有文と無文があったが、材質が金属や鉱物であるから、有文とは彫文様があることをいう。文様としては、鬼形・獅子形・唐花唐草・蛮《ばん》絵《え》（丸文様）などがある。

巡方・丸鞆・有文・無文それぞれに使用区別がある。まず巡方は晴儀用、丸鞆は日常用で晴儀にも使用できた。有文は公卿以上が使用し、無文は制限がない。そこで必然的に殿上人以下の使用となった。

これを組み合わせることで、有文巡方は公卿晴儀、有文丸鞆は公卿日常で晴儀にも使用。無文巡方は殿上人晴儀、無文丸鞆は無制限だが、必然的に殿上人日常になった。もっとも剱を佩帯する場合、これらのうちのどれを使用するかは、鞘の漆工装飾との対応もあった。なお、白玉《はくぎょく》製無文巡方は天皇神事用であり、斎服や帛御衣に使用する。また、巡方と丸鞆を一本の帯に混在させた通用帯《つうようたい》もある。

銙の材質　銙の材質は、衣服令の規定では金属。五位以上は金・銀、六位以下は烏油《くろぬり》（銅製黒漆塗）である。これが平安時代以降は、鉱物特に当時の宝石類に変わる。一般的なのは白石であり、五位以上の所用である。玉は、白玉無文は天皇神事用だが、白玉有文は公卿用、天皇日常用は瑠璃《るり》玉（青い玉）である。瑪瑙《めのう》（馬脳）は四位や祭礼の舞人が用い、犀角《さいかく》は五位、

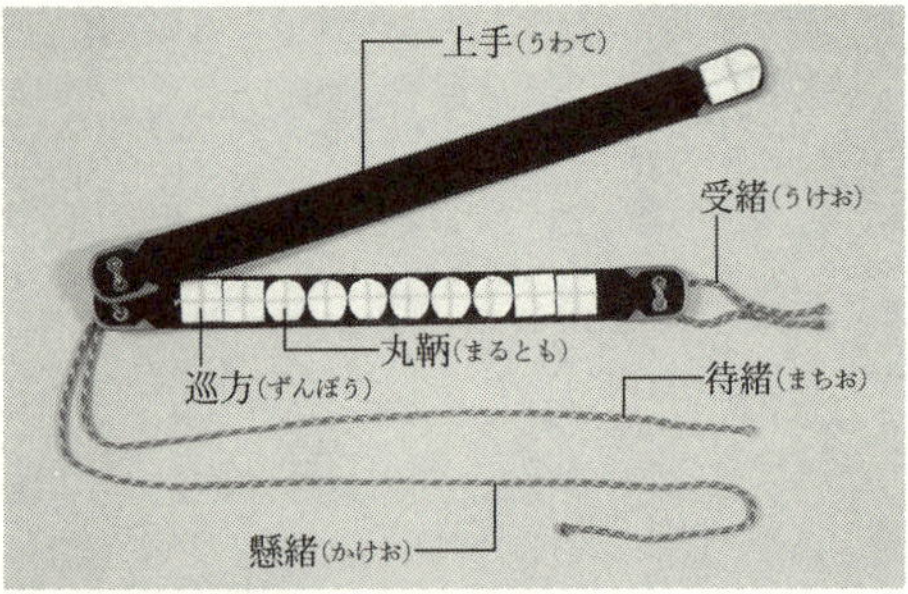

図15　強装束の石帯（通用帯）。『図録』より

烏犀《うさい》は六位以下で、検非違使や、また公卿の凶事にも用いた。犀角はまさにサイの角。烏犀は犀の黒角である。犀角・烏犀ともに舶来品である。犀角・烏犀を利用した様々な器物が正倉院宝物に残っているが、平安時代以降は、犀角は牛角で代用され、烏犀は牛角黒漆塗となった。その他、『延喜式』には玳瑁《たいまい》（鼈甲《べっこう》）や象牙などもみえる。

強装束以降の変化——結紐式《ゆいひもしき》に　強装束以降、腰を鉸具で締めることが困難になり、帯も大きく変化する。鉸具の部分が結紐式となり、床と上手が分離する（図15）。具体的には、床と上手が分離して緒所でつながれ、そのつなぎ目から長短二本の紐が出て、長い方を懸緒《かけお》、短い方を待緒《まちお》とよぶ。一方、床のそれと逆側（向かって右側）の先端には羂を設けて受緒《うけお》とよぶ。

着用は、床を腰に当て、懸緒と待緒をともに左腰から前に回し、懸緒はさらに右腰で受緒に掛けて引き戻し、待緒と正面で結ぶ。その後、上手部分を後腰に挟めば、結紐の部分は懐に隠れて外見できないため、外見上は本来の鉸具式の石帯をしているようにみえた。この様式が現在まで続く石帯の様式となった。

魚袋　魚袋は、物具の束帯で、石帯に垂らした魚型あるいは魚型意匠の腰飾であり、公卿以上は金製、殿上人以下は銀製とした。

魚袋本来の用途は身分証明用の勘合符《かんごうふ》であったらしい。つまり『養老令』の公式令《くしきりょう》によれば、親王以下大納言《だいなごん》以上・中務少輔《なかつかさのしょうすけ》（中務省二等官）・五衛府佐《ごえふすけ》（五衛府次官）には、随身符《ずいしんふ》を与え、それを三分割し、左二つを朝廷に留めおき、右一つを自身が持った。参内時に宮門で両者を合わせ、合致すれば通行を許可したらしい。その随身符は魚型の魚符《ぎょふ》であったらしく、自身の魚符の片割れは袋に入れて所持したことから魚袋といった。それが束帯では腰飾に形式化したらしい。

②持ち物――笏・帖紙・扇

笏と帖紙　笏は長い薄板。手板《ていた》ともよぶ。笏の漢音は「こつ」だが、骨との音通（同音）を忌避し、また笏の寸法がほぼ一尺（約三十センチ）であったことから「しゃく」とよぶ。

材質は、衣服令の規定では、五位以上は礼服・朝服ともに象牙製の牙笏《げのしゃく》（武官は礼服のみ）、六位以下の朝服では木笏《もくしやく》である。摂関期以降は、牙笏は礼服限定となり、木笏が束帯用となる。木の材質は櫟《いちい》や桜の白木で、柾目《まさめ》よりも板目《いため》を可とした。

笏の用途は、中国では腰に差し、君命を書き留めたり、君前で人やモノを指し示すために使用したという。日本では、両手または右手に持って威儀を正し、公事の上卿などは、笏の内側（自分に向く側）に式次第を記した笏紙《しやくし》とよぶ紙を貼り、式次第の誤謬防止の備忘とした。帖紙は、薄様《うすよう》などの和紙の束を厚紙に挟んで二つ折りにしたものである。和紙の用途は現在のハンカチやティッシュペーパーと同じで、また和歌などを書くこともあった。

扇　扇は季節で種類が異なり、冬は檜扇、夏は蝙蝠《かわほり》を用いた。

檜扇は檜や杉の薄板（二十五枚が原則）を要《かなめ》で束ねた扇である。檜扇は束帯以外にも男・女公家装束で用いたが、男子用は白木が通常であり、女子と若年男子用は極彩色の泥絵《でいえ》を施した。また、上端につがり糸を通す場合、男子用は白糸、極彩色の檜扇は色糸による飾糸とした。また、極彩色の檜扇は、江戸時代には、若年男子用を衵扇《あこめおうぎ》、女子用を大翳《おおかざし》とよぶ。なお、檜扇の用途は懐中したり、手に持つだけで、女子では顔を隠したりもしたが、実際に煽ぐことはなかった。だから冬扇である。

蝙蝠は蝙蝠扇の略であり、五本の細骨に地紙を片面だけ張った。つまり蝙蝠扇とは紙張《かみはり》扇《おうぎ》である。これは実際に煽ぐための扇。だから夏扇である。蝙蝠は武家装束を含めてすべての装束の夏扇である。

ちなみに、中国古来の納涼具は団扇《うちわ》。開閉式の檜扇や蝙蝠は、平安時代初期に日本で成立したらしい。それが装束必携の持ち物となり、中国にも輸出された。ところで、現在の扇子《せんす》は骨に地紙を両面張にする。地紙両面張の扇は、日本の扇をもとに中国で成立。唐扇《からおうぎ》として、南北朝時代に日本に輸出される。唐扇は閉じても先端が広がったままであり、そこから室町時代には、末広《すえひろ》・中啓《ちゅうけい》・雪洞《ぼんぼり》などが成立。このうち末広は、檜扇にかわって束帯以外の公家男子装束および武家男子装束の冬扇となる。中啓は主に法体装束、雪洞は女子に使用された。

③履物――襪・靴・浅沓

履物には様々な種類がある。衣服令の規定では、礼服は皇太子・皇族・文官・女子が舄《せきのくつ》、武官が靴。朝服は皇族・文官・女子が烏皮履《くりかわのくつ》。武官は烏皮履・鞋《かいのくつ》・草鞋《わらぐつ》を身分によって使い分け、制服は男子が皮履・草鞋、女子は無規定である。束帯では、文官・武官ともに物具では靴、日常は浅沓である。衣服令・束帯ともに履物（草鞋を除く）には、まず襪を着用した。そこで襪から解説しよう。

襪　襪は韈とも書く。靴下であり、靴擦防止のために着用し、束帯のほかにも礼服と布袴で着用する。材質は礼服では錦、束帯と布袴では白平絹を原則とし、生地を二枚合わせて中央で縫合した。襪は足袋《たび》とは異なる。足袋は指股があり、底を入れる。襪は靴下であるから、指股も底もない。また、着用時に足首の緒所を結んでずり落ちないようにした。

襪は、礼服・束帯・布袴以外での着用は禁止されており、内裏で衣冠や直衣で着用する場合は勅許が必要である。それを襪勅許《しとうずちょつきよ》といい、一度勅許を得ると脱ぐ時も勅許が必要であった。

靴　靴は、本来乗馬用ブーツ（深沓《ふかぐつ》）である。黒革製。ブーツの立ち上がった部分を立挙《たてあげ》とよび、足首部分に靴帯《かたい》とよぶ鉸具付の小型ベルトを取り付ける。靴着用時は鉸具を締めて靴がずり落ちないようにした。立挙の履口には毛織物（ウール）をめぐらして靴氈《かせん》とよぶ。しかし、毛織物は舶来品のため、平安時代以降の靴氈は赤地の錦で代用され、靴仙とも書く。強装束以降は、靴帯は形式化し、立挙は低くなり、逆に錦製の靴氈部分が延びた。

浅沓　浅沓は、烏皮履を継承した黒革製の短沓である。摂関期以降は、底以外は桐製黒漆塗の木靴となる。木靴は脱げやすい。そこで、足の甲の部分に繭綿《まわた》を白平絹で包んだ込《こみ》とよぶクッションを入れ、脱落防止とした。また、沓敷《くつじき》を入れる。沓敷は身分対応で表袴の表地と同じ生地を用い、脱いだ時に他人の沓と紛れないように、押文《おしもん》とよぶ印を入れて区別した。浅沓は束帯以外でも公家男子装束全般で使用された。

なお、公事時も私邸から靴着用で参内するわけではない。靴は召具などの従者に持参させて、浅沓で参内し、公事開始直前や公事途中で靴に履き替えた。公事終了後は、また浅沓に履き替えて帰宅した。

天皇の履物　天皇の履物は、正式にはやはり靴（御靴《おんか》）であり、略儀では挿鞋《そうかい》（御挿鞋《ごそうかい》）である。挿鞋は、繧繝錦《うんげんにしき》とよぶ縞文様の高級錦で張り包んだ布帛《ふはく》製浅沓。鼻高《びこう》とよび、爪先部分が盛り上がっている。挿鞋同類に法体装束の履物であるまさに鼻高がある。

ところで、天皇は原則として地面を直接踏まない。地面に降りる場合は筵道《えんどう》とよぶ道代《みちしろ》を敷いてその上を移動する。そのため、靴も挿鞋もどちらも室内沓となる。また、天皇も御在所である清涼殿から紫宸殿などの殿舎に向かう際は挿鞋であり、たとえば紫宸殿での公事ならば、紫宸殿北廂で靴に履き替え、公事終了後はまた挿鞋に履き替えて清涼殿に還御した。靴は蔵人などが捧持して従った。

二　武具

①武具の全体像

儀仗と兵仗　束帯で佩帯する武具は通常は劒と弓箭であり、即位式などの大儀では、甲《よろい》や鉾《ほこ》もある。しかし、これらの武具は兵仗ではなく、儀仗を基本とするものである。兵仗とは実戦用の武具をいい、儀仗とは威儀用・儀礼用の武具をいう。国や時代を問わず、兵仗には必ず儀仗性が伴ったが、儀仗には兵仗（実戦）使用できないものもある。

『養老令』の宮衛令《くえいりょう》のなかの儀仗軍器《ぐんき》条の『令義解』での解釈として、「これを礼容に用いれば儀仗となし、これを征伐に用いれば軍器となす、すなわち実を同じくして号を殊《こと》にするものなり」とある（原漢文）。同じ武具を「礼容」（儀礼）に用いれば儀仗、「征伐」（実戦）に用いれば「軍器」（兵仗）であるという。つまり儀仗と兵仗は実体は同じで名称を異にするものであった。言い換えれば、律令制下では儀仗といえども実戦使用できた。

ところが、摂関期以降は、兵仗が中世的に変化していく一方で、前代の様式を継承し、外見ばかりを重視した実戦使用できない儀仗が成立する。この儀仗が束帯で佩帯する武具となる。

束帯で佩帯する武具のうち、佩帯の範囲がもっとも広いのが劔、次が弓箭であり、もっとも限定されるのが甲と鉾である。というのも、束帯の武具は基本的に武官が佩帯するものだが、劔の佩帯は武官に限らない。武官を経て昇進した一部の公卿に対しては、文官でも特別に劔の佩帯が勅許されたからである。これを帯剣勅授といい、非常に名誉なことであった。また、内舎人《うどねり》を中心とした中務省の官人も武官ではないが、武具を佩帯して天皇警固の任に就き、束帯でも劔の佩帯が勅許された。これに対して、弓箭を佩帯するのは武官だけであり、文官は決して弓箭を佩帯しない。また甲の着用や鉾の所持も武官だけであり、それも即位式などの大儀に限定された。

②劔——餝劔《かざりたち》・毛抜型太刀《けぬきがたたち》

束帯佩帯の劔　束帯で佩帯する劔は、餝劔と毛抜型太刀である。ただし、毛抜型太刀は儀仗ではなく、本来は兵仗である。また、餝劔は武官と文官が佩帯し、毛抜型太刀は衛府官《えふかん》を中心とする武官だけが佩帯した。そのために毛抜型太刀を衛府太刀《えふだち》ともよぶ。また、公家側では毛抜型太刀を含めた兵仗の「たち」を野劔《のだち》（野太刀）と総称する。

「たち」の基礎事項　ここで、「たち」の基礎事項にふれたい。まず表記は、古代では大刀・

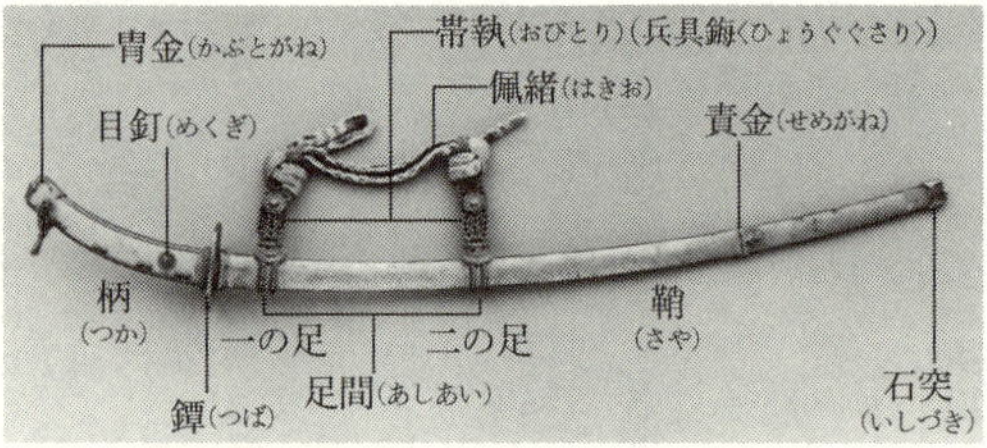

図16　太刀外装図。
「沃懸地酢漿草文兵具鎖太刀」、奈良・春日大社蔵

横刀・劔・刀と様々。摂関期以降の兵仗は大刀や太刀、儀仗は劔や釼がふつうである。本書でも儀仗の餝劔、兵仗の毛抜型太刀と使い分け、総称では「たち」と平仮名表記とする。

「たち」を定義すれば、片刃の刀身の刃側を下に左腰に佩《は》く（吊り下げる）外装様式の刀剣である（図16）。具体的に、刀剣の外装は、柄《つか》と鞘《さや》および鐔《つば》などの各種金物から成り立っている。そのうち「たち」の基本金物は、柄先端（柄頭《つかがしら》）の冑金《かぶとがね》、柄の鐔に接する側（柄口《つかぐち》）の縁金《ふちがね》、鐔、鞘では一対の足金物《あしがなもの》（一の足・二の足）、責金《せめがね》、鞘先端（鞘尻《さやじり》）の石突《いしづき》である。鞘の鐔に接する側（鞘口《さやぐち》）に口金《くちがね》を入れる場合もある。

このうち特に「たち」を特徴付ける金物が足金物である。足金物は帯執《おびとり》を取り付け、帯執にさらに佩緒《はきお》を取り付ける。帯執は韋緒《かわお》や兵具鎖《ひょうぐぐさり》とよぶ鎖製であり、佩緒は韋緒や布帛を畳んだ緒所（布帛畳緒《たたみお》）である。帯執は足金物と佩緒を連結する緒所であり、佩緒は左腰に「たち」を佩帯するための帯である。つまり足金物・帯執・佩緒が「たち」の佩帯装置である。遺品

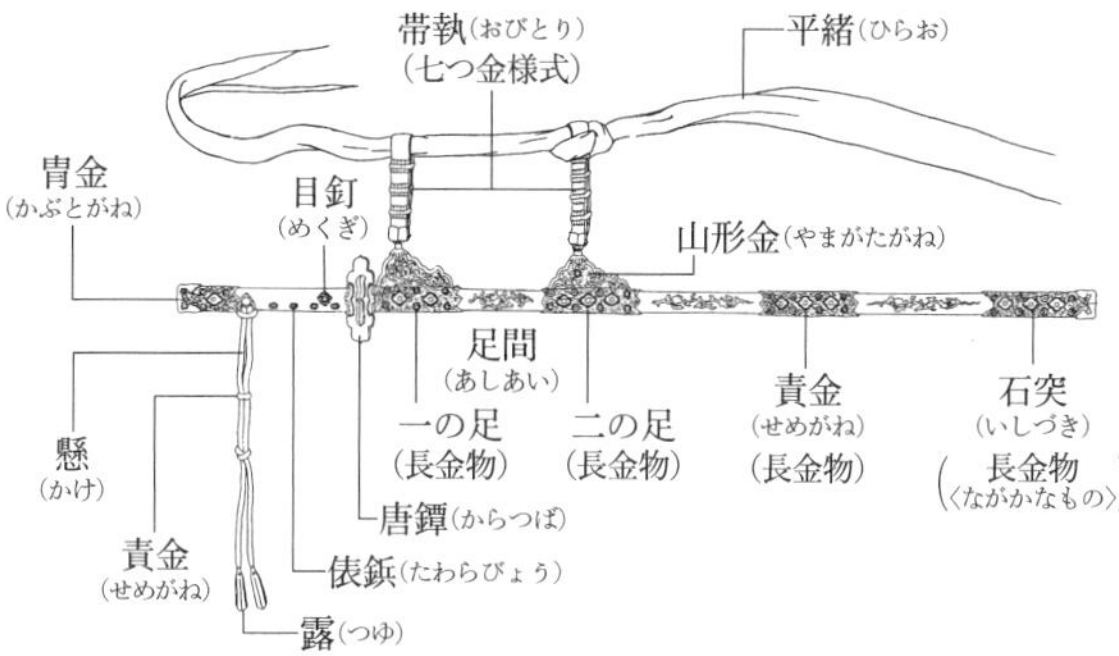

図17　如法餝剱。『図集』より

では佩緒が欠損している場合が多く、帯執も欠損していることがあるが、足金物をはじめとする装置が鞘に取り付けられている刀剣が「たち」である。

「たち」刀身は、古代では平造《ひらづくり》・切刃造《きりはづくり》・鋒両刃造《きっさきもろはづくり》などと種類が豊富だが、いずれも基本的に反《そ》りのない直刀《ちょくとう》である。中世以降は原則的に鎬造《しのぎづくり》に統一され、しかも反りのある彎刀《わんとう》(湾刀)となる。むろんこれは兵仗でのことである。

三様式の餝剱　以上のような基礎事項をふまえ、餝剱からみていこう。餝剱には三様式がある。如法《じょほう》餝剱(図17)・螺鈿剱《らでんのたち》・細剱《ほそだち》である。

三様式共通の特徴は、柄は白鮫皮包《しろさめがわづつみ》。柄頭に懸《かけ》(手《て》貫緒《ぬきのお》)が下がり、鐔は唐鐔《からつば》。鞘には塗漆《としつ》装飾が施され、帯執は韋緒の七《なな》つ金《がね》様式となる点である。また、懸や帯執は赤韋を正式とし、紫韋や藍韋も用い、佩緒は平緒を用いた。

柄の白鮫皮包とは、漂白した鮫皮（実際は鱏皮《えいがわ》）で柄を包むことで、鮫肌のブツブツが柄の滑り止めとなった。懸は現在でいえばストラップ。懸に手首を通して柄を握り、「たち」の脱落防止とした。懸は古代の「たち」には基本的に付属するが、中世の兵仗では形骸化した。

唐鐔は、両端を山型にした細長い分銅型の鐔である。七つ金様式の帯執は、一の足側に三個、二の足側に四個の銅地金鍍金《ときん》（金メッキ）つまり金銅製の方形鐶《かん》（リング）を入れた韋緒製の帯執である。平緒は、唐組《からくみ》や高麗組《こうらいぐみ》とよぶ高度な技術で組み上げた幅広の組紐である。

鎊劔の刀身は、柄と鞘をつなぐだけの鉄棒や竹みつであり、鋒両刃造を模した遺品もあるが、それも刃のない非実用のものである。

一方、三様式の相違点は基本的に外装金物の精粗である。なお、金物は金銅が主体で、銀銅（銅地銀鍍金）もある。

如法鎊劔　如法鎊劔（図17）は、正倉院宝物の金銀鈿荘唐大刀《きんぎんでんそうからたち》（北倉《ほくそう》38）の外装様式を継承したものである。また、鋒両刃造を模した鎊劔の刀身遺品とは、この金銀鈿荘唐大刀の刀身を模したものである。

如法鎊劔の最大の特徴は、冑金・足金物・責金・石突がいずれも唐草文様透彫で玉が嵌入された長金物《ながかなもの》となる点である。また、足金物上部に山形金《やまがたがね》とよぶ突起が取り付けられている。鞘には、梨地《なしじ》（金粉・銀粉をちりばめたもの）・金沃懸地《きんいかけじ》（金箔を全面に張ったもの）・紫檀地《したんじ》（熱帯産の香木である紫檀を張り付けたもの）などに螺鈿《らでん》（夜光貝《あこやがい》を様々な形に切り取って木地に嵌め込み、漆をかけたもの）を施した。

螺鈿剱と細剱　螺鈿剱は如法餝剱の代用として、餝剱代あるいは代剱《だいのたち》などともよぶ。特徴は、外装金物が長金物ではなく、通常の「たち」金物となる。特に足金物は、山形金を残しながらも腹帯型《はるびがた》という様式となり、鞘の長金物該当部分をすべて螺鈿で代用した様式である。また、柄頭に水晶を嵌入する場合もあり、水晶柄剱《すいしょうづかのたち》とよぶ。

細剱はもっとも簡略な餝剱であり、外装金物は螺鈿剱同様で、山形金も省略する場合がある。全体にほっそりと見えることから細剱の名称がある。また、鞘の装飾は多様で、鞘の中央にだけ螺鈿を施した樋螺鈿《ひらでん》、蒔絵地に小さく螺鈿を施した蒔絵螺鈿、蒔絵や黒漆などもある。如法餝剱・螺鈿剱・細剱はいずれも殿上人以上の所用。黒漆の細剱はもっぱら地下の所用であり、殿上人以上も凶事に用いた。

毛抜型太刀　毛抜型太刀（図18）は本来は兵仗であり、刀身は鎬造の彎刀を基本とし、当初は平造《ひらづくり》もあった。ただし、通常の彎刀と異なる点は、刀身が通常の彎刀のように茎造《なかごづくり》では

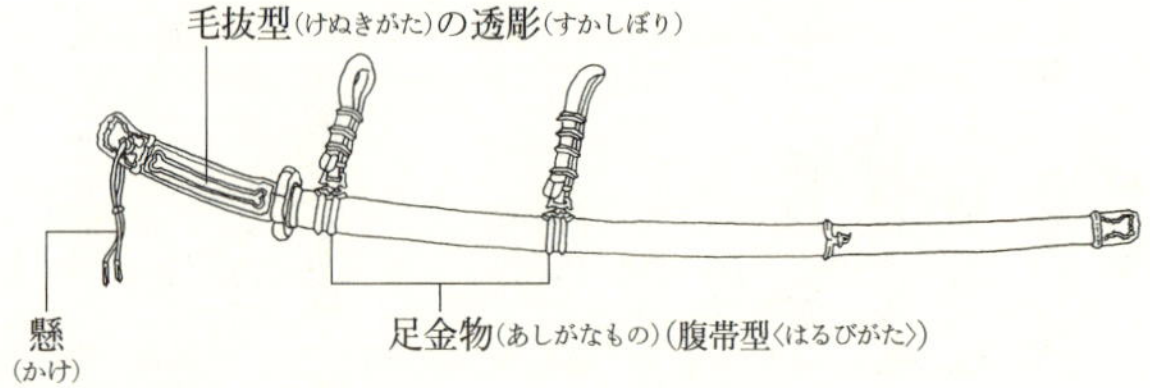

図18　毛抜型太刀。『図集』より

なく、柄を刀身と一体に作り込んだ共鉄造《ともがねづくり》となる点である。つまり柄も鉄製であり、そこに毛抜型の透彫《すかしぼり》を入れる。だから毛抜型太刀とよぶ。また、柄頭も透かし、そこに懸を通す。

金物は通常様式で、鐔も帽額《もこう》鐔・葵《あおい》鐔などの扁平な通常の太刀鐔である（例外的に唐鐔を入れた遺品もある）。ただし、帯執は七つ金様式である。佩緒は平緒も用いたが、韋緒も用い、そのために毛抜型太刀を韋緒太刀《かわおのたち》ともよぶ。

また、付属品として尻鞘《しりざや》とよぶ毛皮製の鞘サックを入れることもある。鞘には多彩な塗漆装飾が施されたが、螺鈿や蒔絵は殿上人以上の所用で、地下は黒漆である。

鎌倉時代以降は、毛抜型太刀にも様々な種類が成立する。共鉄造ながら柄頭を透かさない様式や、茎造ながら共鉄造に見せかけた様式などである。また、茎造の刀身に柄木を加え、柄木を白鮫皮包とし、毛抜型の飾目貫《かざりめぬき》を加えた様式も成立。やがてその様式が一般化し、儀仗化する。

③弓箭――平胡籙《ひらやなぐい》

儀仗の矢の容器　儀仗・兵仗ともに弓箭は、弓と矢、そして矢を収納して携帯するための容器からなる。弓箭を考える場合、矢の容器は意識されることが少ないが、容器がなければ矢は携帯できず、刀身と外装の関係と同じく、矢と容器はセットで考えるべきである。特に儀仗では矢の容器の種類が豊富で重要である。

そうした儀仗の弓箭つまり公家の弓箭の容器には、平胡籙・壺胡籙《つぼやなぐい》・狩胡籙《かりやなぐい》・靫《ゆき》の四種類がある。このうち平胡籙と壺胡籙は容器名称であると同時に、その容器に矢を収納した皆具の名称でもある。狩胡籙は皆具の名称であり、その容器は箙《えびら》とよぶ。なお、平胡籙の容器も箙とよぶことがある。靫は容器の名称である。四種類の相違点は、容器の構造とそれに応じた矢の収納方法であり、平胡籙・壺胡籙・靫はまったくの儀仗だが、狩胡籙は兵仗性を残す。

平胡籙と壺胡籙は武官が身分にかかわらず佩帯し、特に束帯で佩帯するのはこの二種類である。狩胡籙は殿上人以上の武官は佩帯せず、佩帯するのは地下の武官や舎人《とねり》（官人の下に位置する最下層）である。靫の佩帯は限定されており、本来は衛門府の官人が佩帯し、衛門府の官人を靫負《ゆげい》とよぶが、院政期以降は検非違使の下部《しもべ》である看督長《かどのおさ》だけが佩帯した。

なお、束帯で弓箭を佩帯時は、笏は持たない。また兵仗を含むいずれの容器も右腰に佩帯する。背中に佩帯するというのは誤解である。

平胡籙　奈良時代の矢の容器に、葛《かづら》と総称される蔦《つた》系の植物を編み込んで作った葛胡禄《かづらころく》があり、正倉院宝物に矢と皆具で三十三具がある。そのうち四具は扁平に横に広がった構造であり、平葛胡禄《ひらかづらころく》と称しているが、この平葛胡禄が儀仗化して木製塗漆装飾となったのが平胡籙と考えられる。その構造は方立《ほうだて》とよぶ箱とその背後に立ち上がった背板《せいた》からなる（図19）。方立には竹や木の薄板を束ねた筬《おさ》とよぶ簀子《すのこ》を入れ、筬の前後に櫛形板《くしがたのいた》とよぶ薄板を差し込んで筬を固定した。なお、殿上人以上の櫛形板は錦包とした。

背板には収納した矢を固定したり、平胡籙を右腰に佩帯するための緒所を取り付ける。その緒所は前緒《まえお》・矢把緒《やたばねお》・後緒《うしろお》・表帯《うわおび》である。前緒は、背板上部両端に一対で打たれた鎹金物《かすがいがなもの》に渡された二本の韋緒であり、矢把緒はやはり鎹金物に取り付けた長い組紐である。また、向かって左側の鎹金物に前緒を延長して表差羂《うわざしのわな》を取り付けた。この前緒・矢把緒・表差羂で収納した矢を固定した。なお、殿上人以上の平胡籙の矢把緒は、蝶や鳥の意匠の金物で複数の細組紐を束ね、また先端に水晶の露《つゆ》を加え、蝶鳥搦緒《ちょうどりがらみのお》とよぶ（図19）。

塗漆装飾は螺鈿や蒔絵は殿上人以上、地下の武官や舎人は黒漆塗が基本である。これは壺

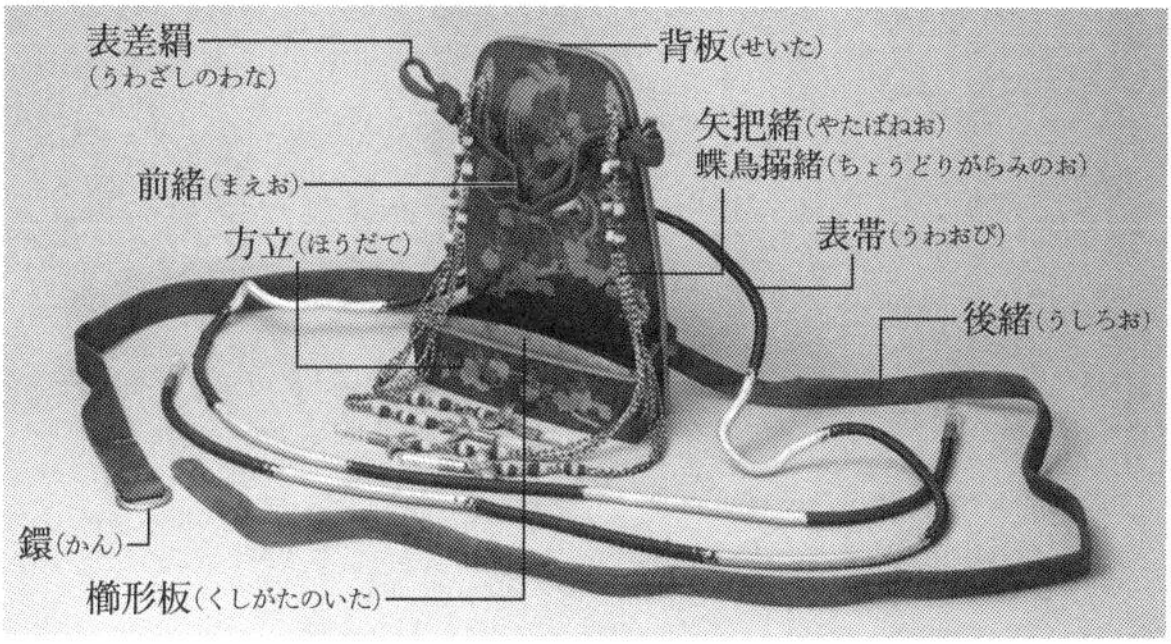

図19　平胡簶（容器）。『図録』より

胡簶でも同様である。

後緒と表帯　後緒は背板の向かって左側中央辺と、向かって右側下方にそれぞれ取り付けられた韋緒であり、これが佩帯の緒となる。これに三様式がある。

最初は、向かって左側の韋緒の先端に鐶を入れ、その韋緒を背後から正面に回し、右側の韋緒をその鐶に通して引き戻し、余りを結んでおくという方法である。図19はこれであり、もっとも簡略な方法である。

次に左側の韋緒の先端に鐶を入れるのは同じだが、右側の韋緒を二本とし、左側の鐶を入れた韋緒を背後から正面に回し、右側の二本の韋緒のうち一本を鐶に通して引き戻し、もう一本と結ぶという方法である。

最後は、向かって左側の韋緒を長短の二本とし、右側の韋緒は羂として掛け渡し、左側の長短二本を一緒に背後から正面に回し、長い韋緒を右側の羂に掛けて引き戻し、短い韋緒と正面で結ぶという方法である。この左側の長短二本のうち長い方を懸緒、短い方を待緒、右側の羂を受緒とよぶ。強装束以降の石帯の緒所と同様である。この方法は狩胡簶の簶の後緒の様式とも同様であり、簶様式の混入である。

表帯は、背板中央に開けた二個または四個の孔に通した丸打の長い組紐であり、丸緒《まろお》ともよぶ。殿上人以上は先端に水晶の露を加えた。この表帯は通常は装飾として正面に結び垂らしておくだけであるが、騎馬などで平胡簶の動揺が激しいときには腰に回して後緒の補助とした。

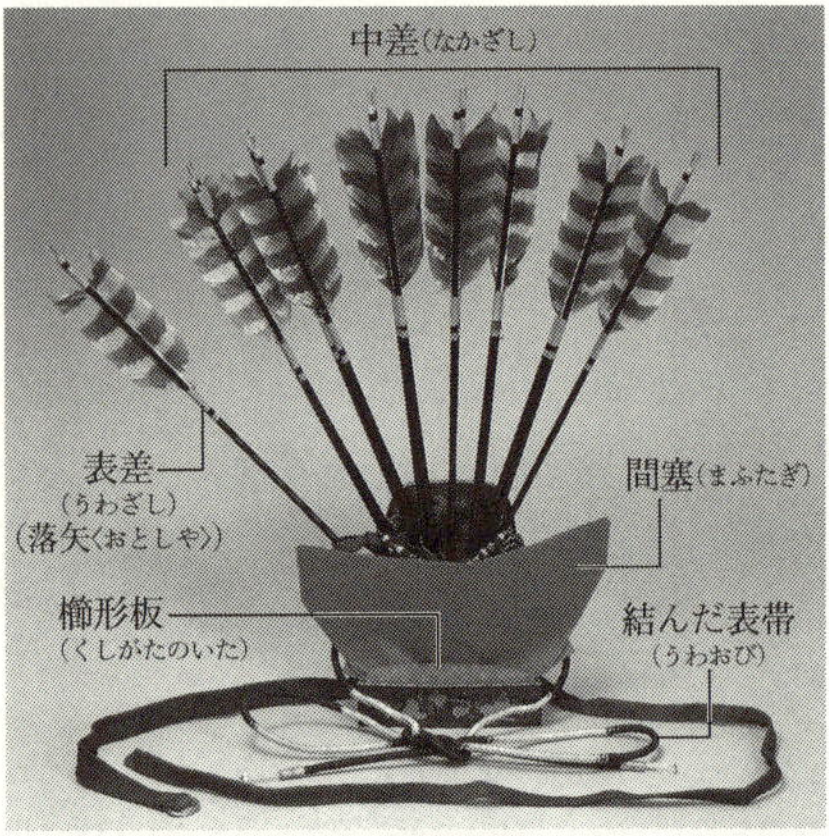

図20　平胡簶（皆具）。『図録』より

矢の収納法　平胡簶は、矢を開扇状に収納するのを特徴とし、矢二隻《せき》（隻は矢を数える単位）ずつをセットにして前緒に搦め、鏃《やじり》は箙に差し込み、矢全体を矢把緒で束ねた（図20）。なお、儀仗であるから原則的に矢を容器から抜き出すことは想定されていない。

『養老令』の軍防令《ぐんぼうりょう》によれば、ひとつの容器に矢五十隻を原則とし、正倉院宝物でもそれがほぼ踏襲されているが、貞観十六年（八七四）以来、日常は三十隻に減少。平胡籙でも三十隻が継承された。しかし、鎌倉時代以降は二十二隻に減少し、さらに十五隻の場合もある。ただし、それぞれの矢数のうち一・二隻を表差《うわざし》（落矢《おとしや》とも）とし、残りが中差《なかざし》である。図20の中差は二隻ずつセットで差して十四隻、表差は一隻（向かって左端の矢）の計十五隻である。

矢の種類　ところで、表差・中差とは何であろうか。矢は用途により、軍陣用の征矢《そや》、狩猟用の狩矢《かりや》（野矢《のや》とも）、歩射《ぶしゃ》の競技用の的矢《まとや》などに分類される。容器に収納する主目的とする矢を中差といい、これに他種類の矢を一・二隻加えて表差とよぶ。この習慣は古墳時代からみられるが、軍陣では征矢が中差で、狩矢や的矢が表差となる。

平胡籙は軍陣用の儀仗化であり、中差は征矢、表差は狩矢となる。平胡籙では表差は表差羂に差し込む。平胡籙の表差を落矢というのは、右腰に佩帯したときに表差が一番下に位置するからである。

平胡籙は矢を収納後、方立と前の櫛形板の間に和紙（薄様や壇紙《たんし》）を挟んで完成する。この和紙を間塞《まふたぎ》とよぶ。箙に差し込んだ鏃部分の乱れを隠し、また位袍の袖などが鏃に引っかからないようにするためである（図20）。

④弓箭二——矢・その他の容器・弓

矢　矢は簳《やがら》・鏃・矢羽《やばね》・矢筈《やはず》からなる。簳は矢の本体。鏃は矢の機能が発揮される主要部分。矢羽は矢の軌道を安定させ、矢筈は弓の弦《つる》を番《つが》える部分である。矢筈には弦を番えるための彫《えり》とよぶ細長い溝を入れた。この彫の方向つまり弦と平行する方向を筈通《はずどおり》とよぶ。

簳と鏃　簳は篠竹製をふつうとし、篠竹製の簳を箆《の》とよぶ。箆は磨いただけの白箆《しらの》のほかに、塗漆の状態で、黒漆塗や朱漆塗とした塗箆《ぬりの》、節の部分だけを黒漆塗とした節影《ふしかげ》（節黒《ふしぐろ》とも）などがある。

矢は用途で分類されることにはふれたが、各相違点は鏃の形状・機能と矢羽の矧《は》ぎ方（枚数）である。

鏃の形状はじつに多彩だが、機能で分類すれば、射通す・射切る・射当てる・射砕くのどれかとなる。このうち征矢は射通すための細長い鏃（素矢尻《すやじり》という）を使用し、狩矢は射切るための扁平な鏃を使用した。狩矢の鏃の代表といえるのが狩俣《かりまた》であり、二股の内側に刃の付いた鏃である。なお、征矢・狩矢の鏃はいずれも鉄製である。

鏑《かぶら》と引目《ひきめ》　狩矢には鏑を加えることもある。鏑は内部が空洞で、先端に複数の小孔を開けた蕪型《かぶらがた》の球形で、鰍目《ぬため》とよぶ鹿角製や木製漆塗とした。これを射ると先端の小孔から空気が入り、特殊な音が出た。その音響効果を利用して、逃げる獲物を射竦《いすく》めるのが鏑の本来の役目である。

この鏑付設の狩俣矢を特に鏑矢《かぶらや》とよぶ。鏑矢は本来の狩矢の範疇《はんちゅう》を越えて、神聖な矢と理解され、征矢の表差の代表として、軍陣の嚆矢《こうし》（戦闘開始の矢合《やあわせ》で最初に射合う矢）となり、また神事である流鏑馬《やぶさめ》にも使用された。

大型の鏑を引目（蟇目・響目とも）といい、鏃を加えずに引目だけの矢を引目矢（響目矢）とよぶ。武士が行った笠懸《かさがけ》（馬上から約十八メートルの距離にある的を射る競技。笠を懸けて的としたのでこの名がある）や犬追物《いぬおうもの》（竹垣で囲んだ方形の馬場に犬を放ち、騎馬で射る競技）などの騎射の競技で、的や犬を傷つけずに矢を射当てるだけの目的で使用された。なお、現在の破魔《はま》矢《や》は引目矢が形式化したものである。

的矢　的矢は鏃ではなく、先端が扁平で円柱状をした平題《いたつき》を用いた。この平題は的に刺さらず、射当てるだけであり、この的矢の機能を征矢に応用すると、楯などを射砕く矢となる。平題は古代では木製や角製であり、中世以降は木製や角製は武家に継承され、公家では金属製となる。

矢羽と矢筈　矢羽は中型以上の鳥の羽を羽茎《はぐき》から半裁して用いた。矢羽の矧ぎ方には三立《みたて》羽《ば》と四《よ》立羽《たてば》がある。三立羽は羽三枚を半裁し、三枚ずつ表裏を揃えて鼎状《かなえじょう》に矧いだ。筈通の一枚を基準とし、それを走羽《はやりば》といい、矢を弓に番えた時の上となる羽である。また、射手からみて左側の羽を弓摺羽《ゆすりば》、右側の羽を外掛羽《とがけば》とよぶ。これは日本では弓の右側に矢を番えるためであり、弓摺羽は弓射時に弓を摺るからその名があり、同じく外側になるから外掛羽なのである。なお、中国やヨーロッパでは弓の左側に矢を番える。

三立羽は矢を旋回させるための羽の矧ぎ方であり、半裁した三枚の羽の表裏を揃えて矧ぐから、右旋回と左旋回の二隻の矢ができる。このうち走羽の表が外（射手からみて右）に向くのが右旋回の矢で甲矢《はや》（外向矢《とむきや》とも）、内に向くのが左旋回の矢で乙矢《おとや》（内向矢《うちむきや》とも）とよぶ。甲矢・乙矢は必ず一手《いって》（セット）となり、合わせて諸矢《もろや》とよぶ。

征矢・引目矢・的矢は三立羽である。征矢が三立羽であるのは細長い鏃を旋回の力でより深くえぐり込ませるためであり、引目矢や的矢は引目や平題が円柱状だからである。また、これらの矢は必ず偶数の矢数を携帯した。つまり諸矢の倍数である。

一方、四立羽は筈通に幅広の大羽《おおば》各一枚と水平方向に幅狭の小羽《こば》各一枚を加えた。これがちょうど飛行機の垂直尾翼・水平尾翼と同じ働きをし、三立羽とは逆に矢が旋回しなかった。

四立羽は狩矢の羽の矧ぎ方であるが、矢が旋回しては狩俣などの扁平な鏃の射切るという機能が発揮できないからである。

矢筈には、篦にそのまま彫を入れた箭筈《よはず》（篦筈《のはず》とも）と、別の竹の節や鹿角などで矢筈部分を別個に作って篦に加えた継筈《つぐはず》がある。なお、矢の長さを矢束《やつか》というが、中世の兵仗では九十センチ前後である。

以上の矢の基礎事項は中世の兵仗のものであるが、儀仗の矢でも同様である。

儀仗の矢　平胡簶に収納する儀仗の矢は、神宝《じんぽう》や殿上人以上のものであるが、遺品によれば、中差・表差ともに、篦は塗篦、矢羽は筈通の上下に羽各一枚を矧いだ二立羽《ふたてば》、鏃は金銅製、矢筈は金銅製や水晶製の継筈であり、彫はない。射る事を想定していないからである。

また鏃は、中差では蟇口《ひきぐち》が儀仗化したものが多い（図21）。蟇口は奈良時代の征矢の鏃で、考古学で長頸鏃《ちょうけいぞく》とよばれる長いケラ首の先に小さな刃部が付いた鏃である。

ところで、奈良時代の武具を考えるための基本史料としては、天平勝宝《てんぴょうしょうほう》八歳（七五六）に光明皇太后が聖武太上天皇の遺愛品を東大寺に献納した際の目録である『国家珍宝帳《こっかちんぽうちょう》』（以下、『珍宝帳』）と正倉院宝物がある。

『珍宝帳』には六百点以上の宝物が記載されており、その三分の二の四百点が武具（弓・

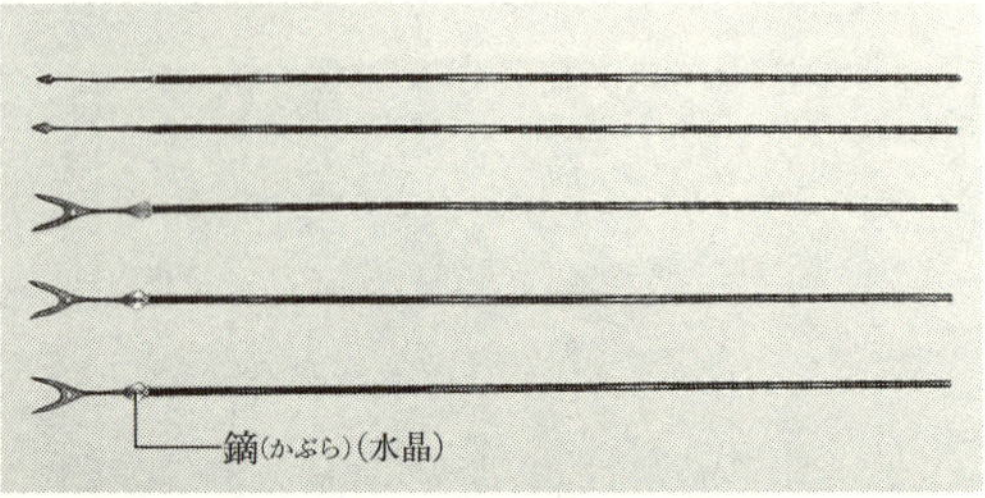

図21　儀仗の征矢（上）と鏑矢（下）。奈良・春日大社蔵

箭《や》・大刀・甲）である。それらの武具には一点ごとに名称が記され、しかも特徴についての詳細な註記が貴重である。ただし、『珍宝帳』の武具はほとんどが現存せず、現存の正倉院宝物の武具は『珍宝帳』とは関係ないものである。しかし、奈良時代の武具であることは間違いない。

　奈良時代の征矢の鏃には様々な形状があるが、蟇口は『珍宝帳』・正倉院宝物ともにもっとも数が多い鏃であり、当時の征矢の鏃の中心であったと考えられる。そこで平胡籙の儀仗化した鏃として、蟇口が多いのであろう。

　一方、平胡籙の表差は遺品では鏑矢（つまり狩俣）ばかりであり、長頸鏃型もある（図21）。『珍宝帳』には「加理麻多《かりまた》」や「筑紫《つくし》加理麻多《かりまた》」の名称がみえるが、実態は不明であり、一方、正倉院宝物にも「加理麻多」とよばれる鏃が一点あるが、中世のような二股の鏃ではない。しかし、正倉院宝物とは別に奈良時代の二股の狩俣の遺品（奈良・大神《おおみわ》神社蔵）はある。しかし、それは長頸鏃型ではない。そこで長頸鏃型の狩俣が古代からの継承であるかどうかはわからないが、一方で長頸鏃型の狩俣は中世にはないため、遺品はないが古代には長頸鏃型の二股の狩俣があり、それが儀仗化したのかもしれない。
なお、儀仗の鏑は、遺品では水晶製や金銅製である。また、儀仗の矢束は八十センチ前後である。これは正倉院宝物によれば、古代の矢束と同様である。

壺胡籙と靫　壺胡籙は平安時代に靫から派生した容器であり、基本的な構造は靫同様である。靫は断面方形または円形の筒状の容器で、上部の口から矢を挿入し、正面中央に開けた手形《てがた》とよぶ窓から矢を取り出す（図22・23）。材質はかつては革製や葛編製もあったが、基本的には木製で塗漆装飾が施された。

緒所は後緒だけで、背面中程左右にそれぞれ二個ずつ鐶を打ち、左右それぞれで鐶に韋緒を渡して帯執とし、帯執に韋緒を取り付けて後緒とした。古代の靫の遺品はないが、『珍宝帳』の註記や、現在の伊勢神宮の神宝の靫などから類推できる。

こうした靫と壺胡籙の相違点は、壺胡籙が牙象形《げしょうがた》という断面が花弁形に近い形状である点と底に篦を入れ、また、内部に一対の鎹金物を打って矢把緒を取り付ける点である（図23）。

さらに靫と壺胡籙は収納する矢数と表差の有無が相違する。靫は征矢二隻または四隻を収納するが（図22）、壺胡籙は征矢五隻を中差とし、表差として的矢二隻を手形の外から挿入

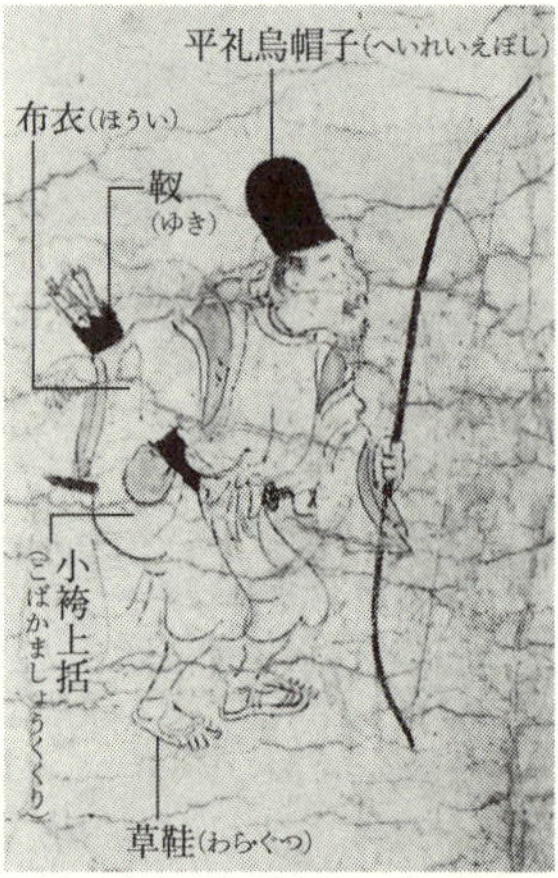

図22　靫を佩帯した検非違使の看督長。『伴大納言絵巻』、東京・出光美術館蔵

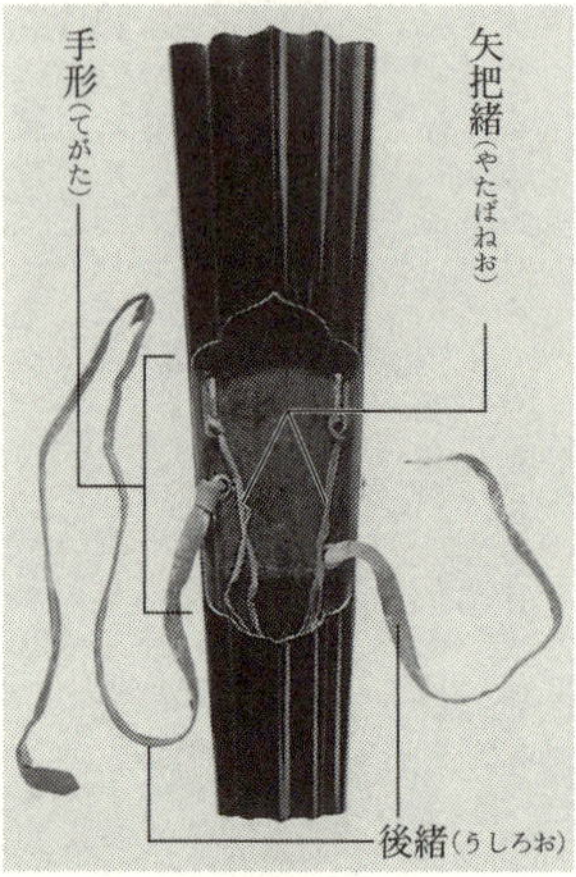

図23　壺胡籙。『図録』より

する（図24）。手形の外から表差を挿入するために、筬や矢把緒が必要になる。

狩胡籙　狩胡籙は束帯の構成要素ではないが、公家の弓箭の一連で解説する。その容器は箙といい、奈良時代の葛胡禄から変化したものと考えられる。その矢は兵仗性を残したもので、狩矢を中差、征矢か的矢を表差とし、箙と矢の皆具で狩胡籙とよぶ。平胡籙の容器も箙とよぶように、狩胡籙の箙と平胡籙の容器には構造上の共通性がある。

　狩胡籙の箙の構造は方立《ほうだて》と端手《はたて》からなる（図25）。方立は平胡籙と同様に箱型部分。その上面に筬を嵌め込む。端手は方立の背後に立ち上がった枠組で、その点が平胡籙とは異なる。端手上部のくびれから上を高頭《たかがしら》、端手と高頭の内部に渡した区形《まちがた》を中縫苧《なかぬいそ》とよぶ。端手と中縫苧には緒所を取り付け、緒所は平胡簶と同じく前緒・矢把緒・後緒・表帯である。基本的な役割も平胡簶のそれとほぼ同様である。なお、後緒は懸緒・待緒・受緒様式である。ただし、前緒は高頭に渡し、平胡簶の前緒のように矢に搦めるのではなく、その懐に矢を差し込むだけである。矢は左右から交互に斜めに差し込む。鏃は筬に嵌め込み、矢が交叉した部分を矢把緒で束ね、矢を取り出すときはまず矢把緒を解く。なお、表差は中差の外側つまり一番最後に差し込む。そこで表差とよぶ。

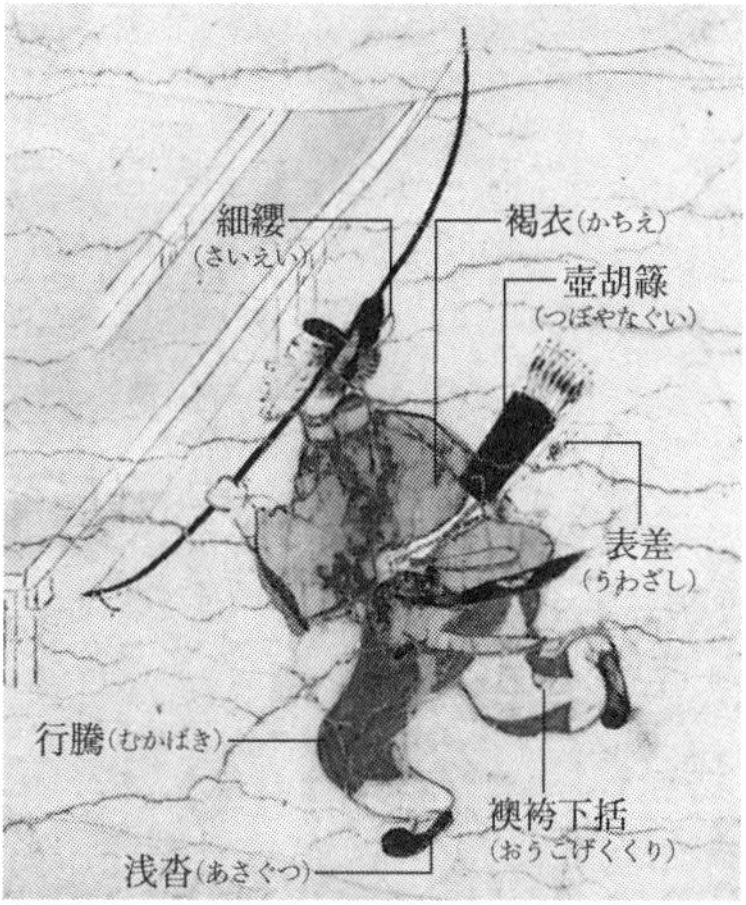

図24　壺胡簶を佩帯した褐衣姿の舎人。『伴大納言絵巻』、東京・出光美術館蔵

箙の種類　箙には、葛胡禄からの伝統を引く葛を編み込んだ葛箙《つづらえびら》があり、地下の武官や舎人が用いた。摂関家の随身は全体を猪の顔面の毛皮で張り包んだ逆頬《さかつら》箙《えびら》を用い（図25）、これは随身のステータスシンボルとなった。

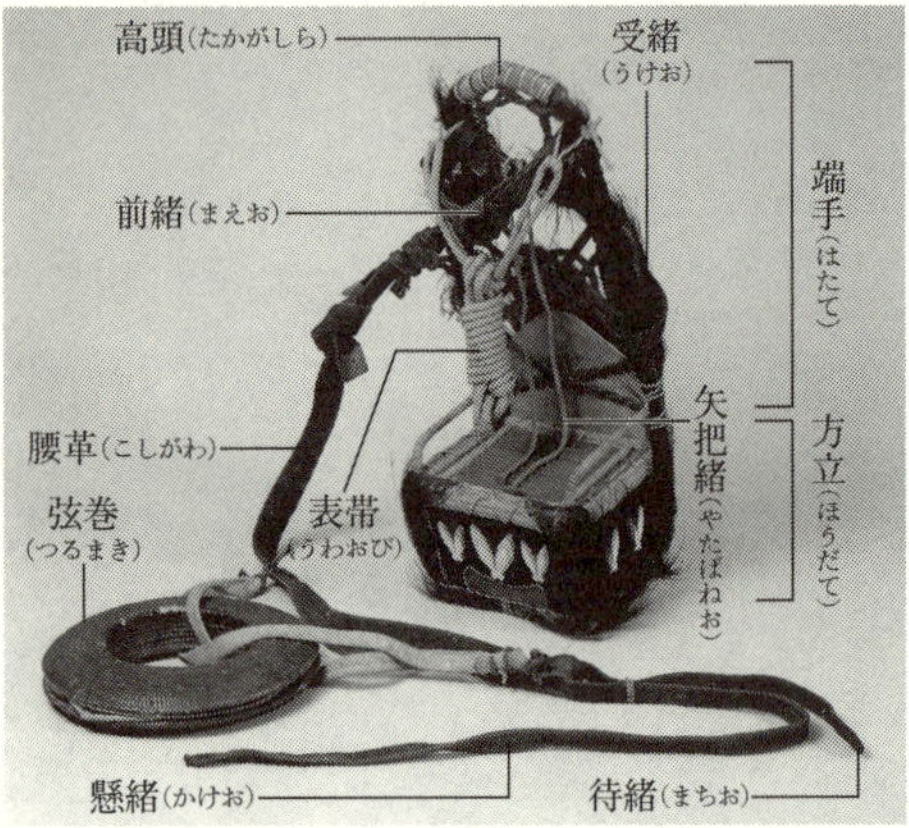

図25　逆頬箙。『図録』より

こうした箙が武士の軍陣に採用され、皺革《しぼがわ》で包んだ革箙やその他の種類が成立したが、表面を包むものが違っているだけで、構造はどれも同様である。そうしたなかで、逆頬箙は武士にもっとも愛好され、室町時代には武士の式正《しきしょう》(正式)の箙となる。

弓の基礎事項　弓は、本体を弓幹《ゆがら》、両端の弦を掛ける部分を弓弭《ゆはず》、弦側を弓腹《ゆはら》、逆側を背といい、弓射時に握る部分を弓把《ゆつか》(取柄《とつか》・握《にぎり》などとも)とよぶ。なお、弓把には滑り止めとして韋緒・組紐・布帛などを巻く。

弓幹は本来は木製である。梢側を末《すえ》、幹側を本《もと》といい、弓は木の梢側を上端に幹側を下端に使用する。そこで上端の弓弭を末弭《うらはず》、下端の弓弭を本弭《もとはず》とよぶ。また、本末は弾力差があり、末(梢)側の方が弾力があるため、弓把を弓幹の中央に置くと末弭側ばかりが湾曲する。そこで、本末の湾曲を平均化するために、弓把を中央よりも下方つまり本弭側においた。また、腹側の中央から本弭に向かって樋《ひ》とよぶ浅い溝を彫り入れた。

こうした木製弓は中世以降も兵仗で使用される一方で、院政期には木に苦竹《まだけ》を張り合わせた伏竹弓《ふせたけゆみ》が成立。兵仗の中心的な弓となる。なお、中世の弓は七尺五寸（約二二五センチ）を定寸とする。

儀仗の弓　儀仗の弓は木製弓である。殿上人以上は儀仗として塗漆装飾を施し、その塗漆装飾は平胡籙や壺胡籙と同様の意匠とし、地下の武官や舎人は黒漆塗で兵仗性を残した。

しかし、殿上人以上の弓はまったくの儀仗であり、両端の弓弭に弭金物《はずがなもの》とよぶ金銅製のサックを入れ、弓把には錦を巻き、その上下には組巻《くみまき》といって組紐を長く巻き付けた。さらに上部の組巻から末弭までの間に二か所、下部の組巻から本弭までの間に一か所、鳥の子紙を巻いて樺巻《かばまき》とよぶ。こうした儀仗の弓の長さは二メートルに満たない短いものである。

⑤甲

札製甲《さねせいよろい》　束帯で着用する儀仗の甲は挂甲《けいこう》とよび、「うちかけよろい」などとも読む。律令制下の挂甲が儀仗化したものである。

衣服令によれば、武官は、礼服では繍裲襠《ぬいもののりょうとう》を着用し、朝服では、特別な警衛を必要とする「会集等日《えしゅうとうのひ》」には、督《かみ》・佐《すけ》・尉《じょう》・志《さかん》（長官・次官・三等官・四等官）は錦裲襠《にしきのりょうとう》（督・佐は含まないとの説も）、それ以下の下級武官は挂甲を着用する規定である。このうち裲襠は「うちかけ」とも読み、中国ですでに布帛製となって伝来した儀仗の甲であり、挂甲は兵仗の甲である。その挂甲が儀仗化して、束帯で着用する挂甲となったと考えられる。

律令制下の甲には、挂甲のほかに短甲《たんこう》と綿甲《めんこう》の名称が文献にみえる。一方、正倉院宝物の甲残欠や奈良時代の数少ない発掘品によれば、いずれも鉄札《てつざね》製甲である。

札《さね》とは、複数の小孔を開けた縦長の薄板であり、簡単にいえばこの札を縦横につなげて製作した甲が札製甲である。古墳時代の五世紀後半以降、古代・中世を通じて日本の甲は札製を原則とする。

むろん古代と中世で札の様式は相違し、それに対応して札の縦横のつなげ方も変化する。中世では、札を横につなげることを横縫《よこぬい》、縦につなげることを威《おどし》とよび、威には組紐・韋緒・布帛畳緒が用いられた。

また、鉄製の札が鉄札であり、古代の札は鉄札だけである。ところが、宝亀《ほうき》十一年（七八〇）に札の材質を鉄から革に変換することを命じる光仁《こうにん》天皇の詔が出されて以降、革札《かわざね》が現れ、中世の甲冑は革札主体である。なお、中世の革札は牛の生革を突き固めた撓革《いためがわ》を用いる。撓革は木のように硬く、矢に対する防御性は鉄よりも優れていたらしい。

挂甲と短甲　文献に出てくる挂甲・短甲・綿甲と鉄札製甲はどのように結びつくのだろうか。詳しい解説は割愛するが、綿甲は鉄札製甲ではなかったらしい。一方、『延喜式』によれば、挂甲が鉄札製甲であることは確実である。そもそも『珍宝帳』には挂甲九十領と短甲十具が記載されているが、それぞれの甲に対する註記を比較分析すると、短甲も鉄札製甲であったことが類推できる。

ところで、鉄札製甲以前に普及していた古墳時代の甲は、鉄板を革綴や鋲留《びょうどめ》した甲である。考古学では古くから鉄札製甲を挂甲とよぶのに対し、この鉄板製甲を短甲とよぶ（ただし、近年は考え直されている）。古墳時代当時それらを何とよんでいたかは文字資料がないから不明であり、考古学での挂甲・短甲の命名は後世の文献から便宜的に命名された学術用語に過ぎない。

それでも文献の挂甲は鉄札製甲であるから、古墳時代の鉄札製甲も挂甲とよぶことは許容できる。しかし、文献の短甲を考古学的理解の短甲と同じ様式のものとするのはまったくの間違いである。そもそも、考古学的理解の短甲つまり鉄板製甲は、鉄札製甲の普及と入れ替わるように五世紀後半には消滅。七世紀にはじまる律令制下にはつながらない。

二種類の鉄札製甲　一方、古墳時代の鉄札製甲には、武人埴輪《ぶじんはにわ》にみられる胴が体を一周し、正面中央に引合《ひきあわせ》のある方領系《ほうりょう》（胴丸式《どうまる》とも）という様式（図26）と、類例は少ないが前後の胴を肩上《わたがみ》とよぶ部分でつないだサンドイッチマンの看板のような両当系《りょうとう》（裲襠式とも）という様式（図27）の二種類がある。

ところで、胴と連結して腰から大腿部までを防御する甲の部位を草摺《くさずり》とよぶ。中世の甲は五種類あるが、いずれも草摺は複数間に分割し、甲ごとに分割間数が相違する。騎乗時の防御性や徒歩での動きやすさのためにも、草摺は分割している方が便利であり、騎馬用・徒歩用の分割間数がある。その点、方領系は草摺が一連で分割していない。徒歩にも不向きだが、騎馬にはもっと不向きであり、方領系は徒歩用つまり歩兵用と考えられる甲である。これを着用している武人埴輪も歩兵しかない。

一方、両当系は両脇に脇楯《わいだて》とよぶ独立した鉄札製の板を着装する。前後胴と左右の脇楯それぞれに草摺が連結し、草摺は四間に分割。四間の草摺は騎馬に最適であり、両当系は騎馬用つまり騎兵用と考えられる甲である。

この方領系と両当系の鉄札製甲が、二様式とも律令制下に継承されたと考えられる。そのうち文献などを分析する限り挂甲は両当系のようであり、これに対し、挂甲との対比から、短甲は方領系ではなかったかと考えられる。なお、正倉院宝物の鉄札製甲残欠はどちらか決めがたい。

儀仗の挂甲　そうしたなかで、束帯で着用する儀仗の挂甲は両当系を継承する。これは一部の文献の分析と、後世の挂甲図からわかる。その図とは、江戸幕府の御用甲冑師春田《はるた》家に伝来したという正応《しょうおう》二年（一二八九）書写という挂甲図（図27）と、文安《ぶんあん》元年（一四四四）書写という『文安御《ご》即位《そくい》調度図《ちょうどず》』という文献掲載の挂甲図などである。これらの図は、じつは律令制下の挂甲が両当系であったと考える根拠にもなっている。

図27は中世の一般的な威の手法である縄目《なわめ》取《とり》という方法で威した甲であり、札は金漆《こしあぶら》塗

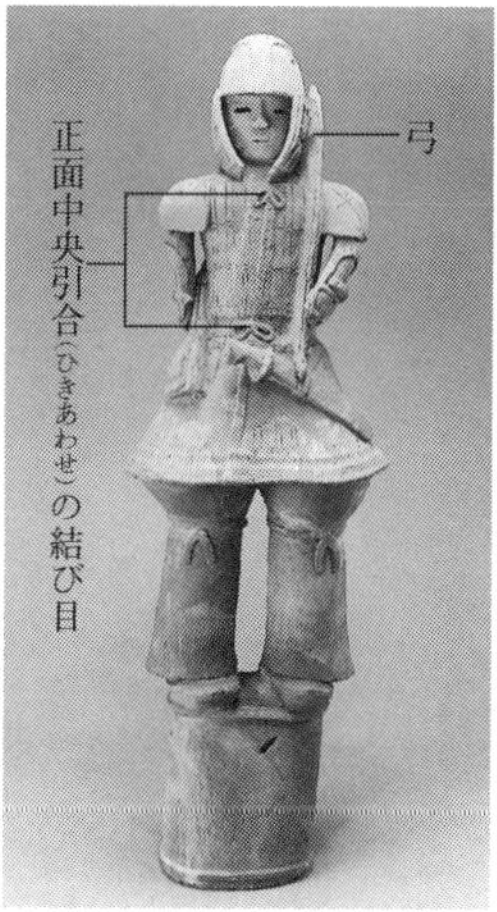

図26　方領系鉄札製甲着用の武人埴輪。群馬県太田市世良田出土、奈良・天理大学附属参考館蔵

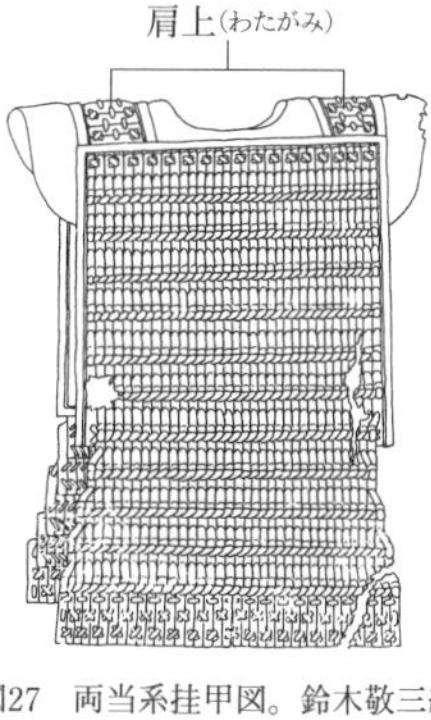

図27　両当系挂甲図。鈴木敬三編集解説『中村春泥遺稿　甲冑写生図集』（吉川弘文館、1979年）より

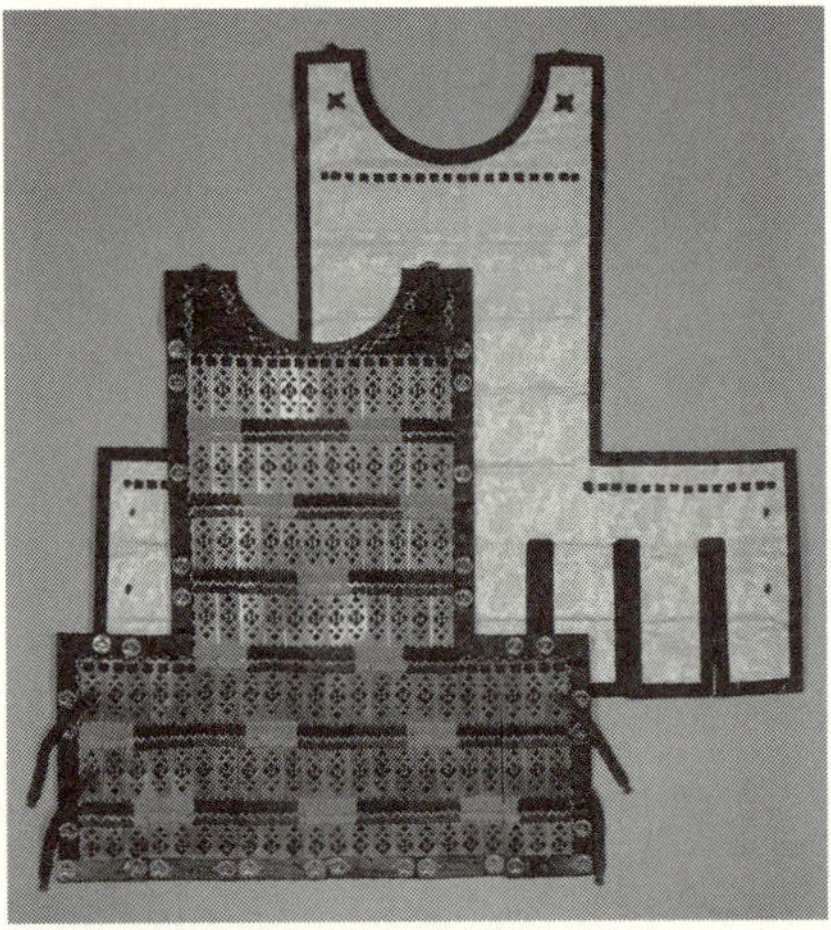

図28　幕末再興の挂甲。『図録』より

（透漆塗《すきうるし》）で白革威という（材質は鉄製か）。『文安御即位調度図』の挂甲図は札威の状態を布帛に描いたもののようであり、ともに両当系である。摂関期以降の文献からは、次将の挂甲が金銅製や布帛製に儀仗化したことがわかり、それと呼応している。

なお、現在の次将の挂甲は幕末に再興された様式で、布帛に金札（材質は銅や革）を綴じ付けた両当系で、前後合わせて十四間の草摺が付く（図28）。

こうした挂甲を、即位式では近衛の次将が束帯の上に着用する。なお、挂甲着用時は、石帯をせずに白の布帯《ぬのおび》をし、白平絹の肩当《かたあて》をしてから挂甲を着用。その腰を摂腰《せびえ》とよぶ錦の帯で締め、剱や矢の容器は挂甲の上に佩帯する。

儀仗の鉾については割愛する。

第四章　多様な装束

一　公家装束——布袴・衣冠・直衣

①指貫《さしぬき》

布袴・衣冠・直衣の共通点　公家男子にとって、束帯は正装であり、参内時には必ず着用しなければならなかったのに対し、布袴・衣冠・直衣は略装である。そのうち布袴と衣冠は公服であり、直衣は私服である。私服である直衣は当然として、公服である布袴や衣冠も、そのままでは原則として参内は不勅許である。

こうした布袴・衣冠・直衣には装束構成のうえで共通点がある。それは袴である。束帯の肌袴が大口、上袴が表袴であるのに対し、布袴・衣冠・直衣の肌袴は下袴、上袴は指貫となる。この点が束帯と布袴・衣冠・直衣との最大の相違点である。そこで、まずは下袴と指貫について解説する。

指貫の構造　指貫は指貫袴の略称であり、奴袴・布袴などとも書く（図29・30）。布袴という表記は「ほうこ」と音読した場合と、「さしぬき」と訓読した場合では意味が異なるから注意が必要である。

構造は、八幅《やの》・裾長・腰二本・袷。裾に裾括が入る（図30）。裾括が入った袴を括袴《くくりばかま》と総称する。じつは束帯以外の男子装束の上袴はすべて原則として括袴であり、複数の種類がある。また、括袴の肌袴を下袴と総称する。詳しくは後述するが、括袴各種類の相違点の要点は幅数である。幅数がもっとも大きいのが指貫である。

指貫は八幅のために、図29にみるように、だぶだぶの袴であり、裾括を足首で括って着用する。この裾括を足首で括ることを下括《げくくり》とよぶ。これに対し、裾括を膝下で括り、脛《すね》がむき出しになった状態を上括《しょうくくり》とよぶ。原則として指貫は上括にしないが、指貫以外の括袴は上括にすることが多い。

図29　指貫着用図。
『日本の服装』を資料に作画

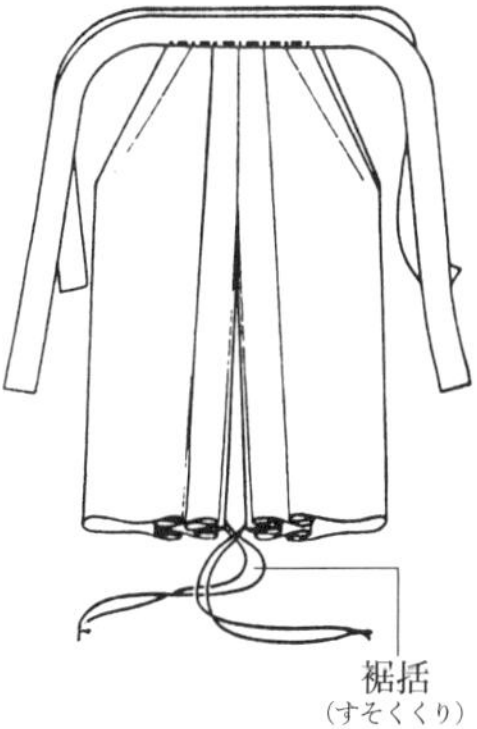

図30　指貫図。『図集』より

こうした指貫と、四幅・対丈の切袴である表袴（図9）との外見上の相違は明らかであり、正装としていわば窮屈な装束である束帯に対し、略装としていわば寛《くつろ》げる装束が布袴・衣冠・直衣である。その窮屈さと寛ぎの対比を象徴するのが、表袴と指貫といえよう。こうした上袴に対応して、各肌袴も大口と下袴になる。なお、大口・表袴が腰一本に対し、下袴・括袴はすべて腰二本になる。

指貫の材質・文様・色　指貫の材質には新秩序に基づく身分規定があると同時に、文様と色には年齢による区別がある。なお、指貫は季節にかかわらず袷である。

まず材質は、公卿以上の表地は、若年が浮織物、壮年以降が綾。裏地はどちらも平絹である。文様は、若年は繁文、壮年以降は遠文からやがて無文となる。若年の繁文の文様は鳥《とり》襷《だすき》文様（図11—⑬）などである。壮年以降の遠文の文様は、八藤丸文様・唐花丸文様・臥蝶丸文様（図11—②・④・⑤）などである。色は、表地の色が加齢とともに薄くなる。つまり若年の紫から緯白《ぬきじろ》・縹・浅葱《あさぎ》・白と変化する。

緯白は、経糸が紫、緯糸が白の織色。地の色は紫と白が融合して薄紫、文様は白が基調となる。経糸の色を変えれば、様々な緯白が可能である。しかし、ただ緯白といった場合は紫の緯白がふつうで、他色の緯白は、それぞれの色を付けてよぶ。浅葱は水色。水浅葱《みずあさぎ》ともよぶ。なお、裏地は原則として表地の色と同じとした（緯白は薄紫の染色）。

殿上人以下の指貫は、材質は表裏平絹。色は殿上人・諸大夫は表裏紫、六位は表裏浅葱である。無位は原則として指貫以外の括袴を着用する。つまり指貫に対応する布袴・衣冠・直衣は着用しない。

ところで、天皇は指貫を着用しない。つまり天皇は布袴・衣冠を着用せず、直衣も特別な着用法である（後述）。ただし、新嘗会や大嘗会に関わる殿上淵酔《てんじょうえんずい》・五節舞姫参入《ごせちまいひめさんにゅう》・五節帳《ちょう》台試《だいのこころみ》といった特定の公事では冠直衣を着用した（後述）。その場合の指貫の材質は、表袴同様の白・浮織物の窠に霰文様である（図11―①）。

指貫以外の括袴　指貫以外の括袴には、襖袴《おうこ》・狩袴《かりばかま》・小袴《こばかま》がある。ここではその構造と使用だけを解説し、材質や色については、それぞれの括袴で着用する上着との関係もあるので後述する。

まず襖袴と狩袴。構造はともに六幅・裾長・腰二本・袷である。つまり指貫との相違点は幅数だけである。しかも襖袴と狩袴は同様の括袴であり、それを着用する装束（上着）によって名称を異にした。つまり召具装束ならば襖袴、狩衣ならば狩袴である。ともに下括・上括どちらでも着用したが、襖袴・狩袴の下括状態を特に垂袴《すいこ》とよぶ（図24）。

つぎに小袴である。小袴には六幅と四幅の二種類がある。六幅の小袴の構造は対丈・腰二本・袷。襖袴・狩袴との相違点は丈だけである。四幅の小袴には対丈と膝丈がある。どちらも腰二本・袷は同様である。六幅・四幅どちらも対丈の括袴は下括にすることもあるが、上括が多く、膝丈の括袴は、裾括を括らないと脛のなかばくらいの丈である。そこで上括にしかできない。

六幅・四幅どちらの小袴も水干や直垂で着用する。水干で着用する小袴を特に水干袴《すいかんばかま》、四幅の小袴を四幅袴ともよび、四幅袴は主に労働用である。また、六幅の小袴は、鎌倉時代以降は直垂の様式の変遷とともにその様式も変化。鎌倉時代には寛闊化し、室町時代にはさらに裾長になって裾括が消滅。裾長のまま裾を長く引きずって着用する長袴となる。一方、対丈で裾括のない半袴《はんばかま》も成立する。

下袴　下袴はすべて切袴である。指貫・襖袴・狩袴の下袴は、構造は基本的に上袴に準拠する。材質は平絹。襖袴や狩袴の下袴は布もある。色は白を原則とし、他色もある。

一方、六幅・四幅ともに小袴の下袴は大口とよぶ。構造は四幅・対丈・腰二本。材質は布、色は白が原則。束帯の大口に対し、これは四幅・対丈は同様だが、腰二本で色は白を原則とすることが相違した。そこで、束帯の大口は赤の大口、小袴の大口は白の大口ともよぶ。なお、白の大口には膝丈のものもある。これを腰継《こしつぎ》とよぶ。

②布袴

構成と使用　布袴は布袴束帯《ほうこのそくたい》の略称であり、指貫着用の束帯の意である（図31）。その構成は、大口・表袴を下袴・指貫に替えただけで、そのほかは文官日常の束帯同様である。

つまり被り物は垂纓冠。肌着は下袴・単。強装束以降は下袴の下に肌小袖を着用する。下着は衵・指貫・下襲。上着は位袍（縫腋・有襴・蟻先付）。装身具は石帯。持ち物は笏・扇（檜扇・蝙蝠）・帖紙。履物は襪・浅沓である。図3と図31を比較していただきたい。

以上の冠から指貫までの構成は、衣冠や冠直衣でも同様である（図29）。つまり指貫までの上に何を着用するかで、布袴・衣冠・冠直衣の構成は区別さ

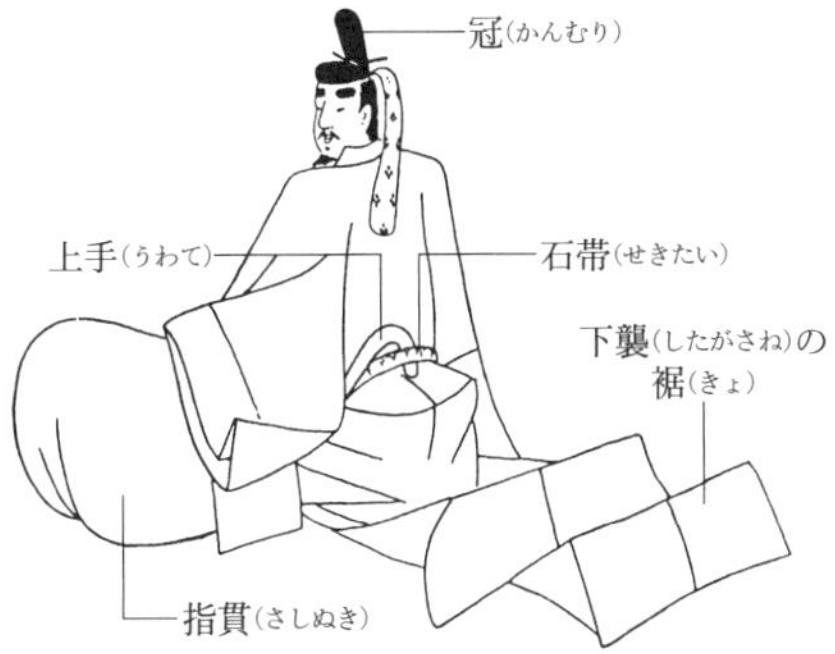

図31　布袴姿（『時代不同歌合　具平親王』より作画）。『図集』より

れる。以下、この布袴・衣冠・冠直衣共通の下着姿を「共通下着姿」とする。

冠に位袍を着用しているから、布袴は公服である。また、布袴の着用は身分を問わない。しかし、公卿はもっぱら私邸の行事中心に着用する。ただし、摂政にとっては、布袴に韋緒で毛抜型太刀を佩帯するのが、直廬で行う叙位儀や除目での公服（正式装束）となる。もっとも摂政も参内時は束帯や冠直衣。直廬で布袴に更衣する。また、摂関などの出向供奉の殿上人以下も着用する。

③衣冠

構成　衣冠の構成は、共通下着姿（図29）に位袍を着用し、持ち物は扇と帖紙。履物は素足に浅沓である（図32）。冠と位袍つまり表衣だけの装束だから衣冠とよぶ。束帯や布袴に比べれば簡略な装束である。特に素足であるという点は重要であり、衣冠以下の男子装束はすべて素足を原則（正式）とする。

衣冠の位袍の構造は縫腋・有襴・蟻先付である。ただし、衣冠の位袍の格袋はポケット状ではなく、袋を外に引き出した。また、腰の左右に小紐《こひも》を取り付ける（図33）。

こうした位袍の構造上の相違点は、いずれも衣冠では石帯を使用しないからである。つまり束帯や布袴では格袋の口の部分に石帯を当てて押さえたが、石帯を使用しない衣冠では、格袋がポケット状のままでは口が大きく開く。そこで袋を外に引き出した。小紐はまさに石帯の代用である。

扇は、本来は冬は檜扇、夏は蝙蝠であったが、室町時代以降は末広が冬扇となる。

使用　束帯・布袴と同じく冠と位袍を着用する衣冠は公服である。しかし、衣冠での参内は原則的に不勅許である。衣冠は宮中に宿直時の装束であり、そこで宿衣《しゅくえ》ともよぶ。これに

図32　衣冠姿。『大百科』より作画

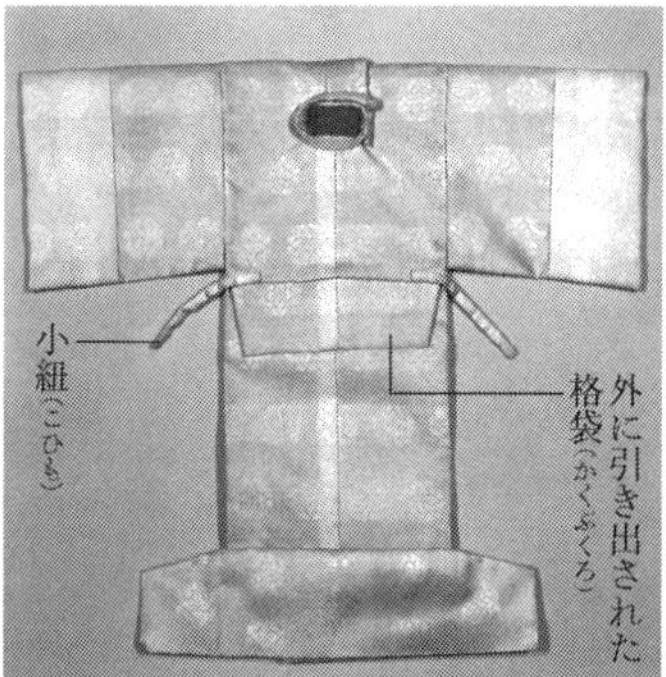

図33　冬の雑袍（背面）（衣冠位袍同型）。『図録』より

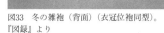

対し、束帯は日中に着用する装束なので、昼《ひ》の装束とよぶ。また、勅使や行幸供奉などで平安京外に公務で出向時に目的地までの道中などに着用する。

宿直時は束帯で参内。宿直時間に衣冠に着替え、朝になって宿直が終われば、また束帯に着替えた。平安京外への出向時も、束帯で参内し、その後、京内で衣冠に着替えて出向し、目的地でまた束帯に着替えて公務にのぞんだ。

ただし、例外として、大弁《たいべん》（律令事務官僚トップ）や、検非違使別当《べっとう》（検非違使所長官）は激務という理由で衣冠での参内が勅許されていたらしい。また、内裏焼亡などの非常時の参内は、束帯よりも衣冠や冠直衣のほうがふさわしく、その際は冠を柏挟とし、毛抜型太刀を佩帯する。

なお、鎌倉時代以降、衣冠は束帯に替わって徐々に日常参内装束になっていくが、そうした衣冠を束帯の代用という意味で「衣冠束帯《いかんのそくたい》」とよぶ。現在ではこの衣冠束帯を束帯のことと誤解している人が多いが、束帯と衣冠はまったく別個の装束であり、衣冠束帯はむしろ衣冠のことである。

近世公家・武家の衣冠　衣冠は室町時代には完全に日常参内装束となるが、江戸時代には衣冠の構成に公家と武家で相違が生じた。

まず公家では正式の衣冠と略儀の衣冠が成立する。正式の衣冠は伝統継承の衣冠であり、それを単衣冠《ひとえいかん》や重衣冠《かさねいかん》とよぶ。略儀の衣冠は、単・下袴・指貫を着用せず、冠・ひよ・肌小袖・指袴《さしこ》・位袍・素足・扇・浅沓の構成となる。「ひよ」は現在の長襦袢《ながじゅばん》に相当し、これに肌小袖を合わせた。つまり肌着・下着は現在の和服とほぼ同様になった。指袴は八幅・対丈・腰二本の切袴である。指袴は室町時代に成立した半袴の八幅版ともいうべき上袴である。

一方、江戸時代の武家も将軍以下五位以上が行事に応じて束帯・衣冠・直衣を着用した。そのうち衣冠は公家の単衣冠だが、構成が一部相違する。まず指貫である。公家では裾括が入った伝統様式なのに対し、武家では裾に長寸の緒所二本を取り付け、その緒所で指貫内部から裾をつり上げ、外見上はいかにも下括のように見せかける特殊様式となる。

また、公家では非常時以外は武官でも衣冠に帯剣しないが、武家では兵仗の太刀を佩帯する。具体的には四位以上は毛抜型太刀、五位は糸巻太刀《いとまきたち》を佩帯する。糸巻太刀は、柄と足金物の間（足間《あしあい》とよぶ）に組紐を巻き付けた兵仗の太刀である。中世後期に流行し、近世以降は贈答や社寺へ奉納する太刀外装の一般様式として普及する。

さらに江戸時代には、束帯同様に冠を懸緒で固定する。懸緒は紙捻を正式、組懸を略儀とし、組懸の使用は勅許が必要な点も束帯同様である。ただし、武家の侍従《じじゅう》以上は、蹴鞠《けまり》（「しゆうきく」とも）の家である飛鳥井家《あすかいけ》から免許を得て紫の組懸を用いた。

なお、明治時代に、神職の正装は衣冠となる。神職の衣冠は武家様式の単衣冠であり、衣《い》冠単《かんたん》とよぶ。

④直衣

構成　直衣は冠と烏帽子の両方に対応する装束であり、それぞれ冠直衣・烏帽子直衣とよぶ。そのうち冠直衣の構成は、共通下着姿（図29）に、雑袍《ざっぽう》を着用し、持ち物は扇と帖紙。履物は素足に浅沓である（図34・35）。つまり衣冠と冠直衣の相違点は上着だけである。また、冠直衣と烏帽子直衣は、被り物が相違するだけである（図36）。

なお、雑袍を直衣ともよぶ。つまり直衣とは、束帯などと同様に皆具の装束様式名称であると同時に、上着の名称でもある。その構造は衣冠の位袍同様である。つまり縫

図34　冬の冠直衣姿（『紫式部日記絵巻』より作画）。『図集』より

図35　夏の冠直衣姿（『阿字義』より作画）。『図集』より

腋・有襴・蟻先付で、格袋を外側に引き出し、腰には小紐が付く（図33）。

直衣の着用と雑袍勅許《ざっぽうちょっきょ》　直衣は、原則的に上皇・皇族・公卿・公達《きんだち》などの身分上位者が着用する。公達とは公卿の子や孫のことで、将来の公卿への昇進が約束されている家の子息たちである。これに対し、殿上人以下での着用はあまりなく、天皇には特別な着用法がある。

直衣は基本的に私服であるから、烏帽子直衣での参内はもちろんのこと、冠直衣での参内も原則として不勅許である。ところが、一部の公卿には、冠直衣での日常参内が勅許された。これを雑袍勅許（直衣勅許とも）とよび、そのための天皇の命令を雑袍宣旨《ざっぽうせんじ》とよぶ。

雑袍宣旨は私服で昇殿できる権利であり、天皇とのミウチ関係を誇示する宣旨である。冠直衣ではじめて参内することを直衣始《のうしはじめ》とよび、特別な作法があった。また、絵巻物などの宮中の場面で、冠直衣姿と束帯姿が同時に描かれている場合、冠直衣姿の方が身分上位者である。

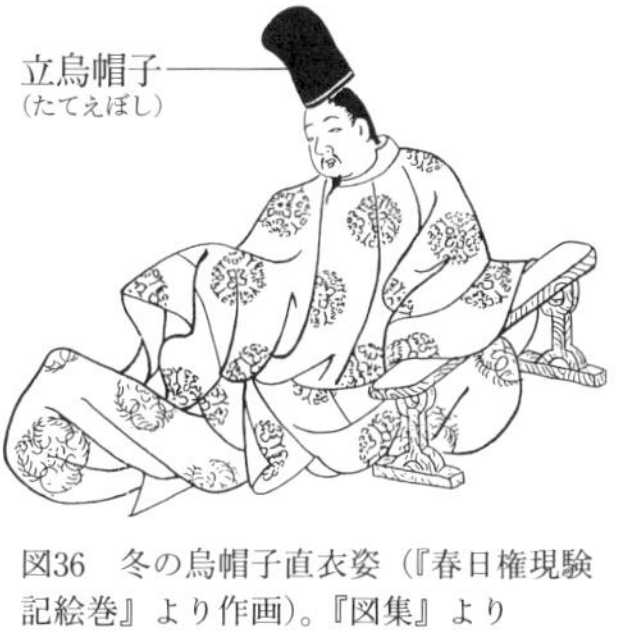

図36　冬の烏帽子直衣姿（『春日権現験記絵巻』より作画）。『図集』より

なお、日常ながら改まった際には、冠直衣に下襲を着用する。それを直衣布袴《のうしほうこ》とよぶ。

雑袍の材質　雑袍は本来は布衫《ふさん》とよび、布製であったらしい。摂関期以降は、指貫同様に絹製となり、慣例的な規定が成立する。直衣の着用は原則として身分上位者であるから、その規定ももっぱら身分上位者の範囲でのことであり、季節と年齢による区別である。

冬は袷。表地は白綾。文様は唐花丸文様や臥蝶丸文様。若年では浮織物も使用した。裏地は平絹。色は二藍。ただし、年齢で色合いが変化し、若年は紅勝り、蘇芳や薄色《うすいろ》もあり、壮年になると赤味が減って藍勝りとなり、紫や縹もある。また、表地の白と裏地の二藍で襲色が成立し、若年は紅梅や桜、壮年は薄色や柳となる。老年は表裏ともに白平絹の白重《しろがさね》である。

また、位袍・雑袍ともに、頸上・左右鰭袖・襴の部分は表地を引返しとするため、冬の雑袍は、年齢にかかわらずその四か所は白重になる。そこで冬の直衣を四白《よつじろ》とよぶ。

夏は一重。色は二藍。材質は縠紗。文様は三重襷文様である（図11—⑥）。老年は白の縠織や平絹である。

直衣は雑袍の色と文様が冬・夏で異なるために、季節区別が一目瞭然となる装束である。

ふたつの風流《ふりゅう》　直衣は私服であるために、ファッションとして風流がある。ひとつは、出衣《いだしぎぬ》とよび、下着に衵や袿《うちき》（衵同型の裾長の衣）を着用し、その後身だけを指貫に着籠め、前身は着籠めずに裾を雑袍の襴からのぞかせた。袙や袿を複数枚重ねて襲色を作ることもあった。男子の袙や袿が闕腋（女子の袙や袿は縫腋）であるからこそできる風流である。

もうひとつの風流は腹白括《はらじろくくり》とよぶ指貫の裾括の風流である。通常の裾括は白緒所一本。括った後の結び余りは指貫の裾に籠めた。これに対し、腹白括は裾括を白・紫の二本として括り、括った後の結び余りを風流結《ふりゅうむすび》（飾結）として引きずった。白と紫の二本の緒所が蛇の腹白のようにみえるための名称である。なお、これらの風流は衣冠でも行うことがある。

天皇の御引直衣《おひきのうし》　天皇が特定の公事でしか冠直衣を着用しないことは既述したが、天皇の日常着はじつは冠直衣である。ただし、臣下の直衣とは着用法がまったく異なった。この天皇特有の直衣を御引直衣（御下直衣《おさげのうし》とも）とよぶ（図6）。

構成は冠・長袴・単・雑袍を基本とし、これに袙や打衣を加えることもあり、強装束以降は肌小袖も加わった。臣下の冠直衣との相違点は長袴の使用と着用法である。また、夏の雑袍の材質・色・文様は臣下同様であり、冬も材質や色は同様だが、表地の文様は小葵文様となる（図11―③）。

また、長袴は公家女子装束の袴と同様であり、構造は六幅・裾長・腰一本・引返の切袴である（図37）。腰紐は右ついで左で交叉させて右腰で結んだ。材質は平絹。色は赤が原則。

図37　大口と女子の長袴（右）。『図録』より

晴儀では打や張とした。

御引直衣の着用法は、まず長袴を着用し、本来はその上に肌着・下着と雑袍を羽織るだけで、肌着・下着は長袴に着籠めなかった。雑袍の構造も臣下同様で、当帯《あておび》などは使用しないために懐を作らず、襴を後に長く引きずった。そこで御引直衣という。強装束以降も、基本的には同様だが、雑袍の腰を雑袍同地の当帯で束ねて懐を作った。同時に下着類や雑袍が御引直衣用に長寸化する（図6）。

こうした御引直衣に対し、天皇が特定公事で着用する冠直衣は、臣下の冠直衣とまったく同様であり、これを御《お》上直衣《あげのうし》（短御直衣《みじかのおんのうし》とも）とよぶ。なお、御引直衣（引直衣）は上皇や臣下も仙洞や私邸では着用することがあり、その場合は大君《おおぎみ》姿とよんだらしい。

⑤烏帽子

使用と構造　烏帽子は私的な日常の被り物である。髻のある成人男子は貴賤の別なく被り、直衣・小直衣・狩衣・水干・直垂・大紋・素襖などの装束に対応し、小袖袴《こそでばかま》などの庶民の着衣でも被った。烏帽子での参内（烏帽子対応装束での参内）は原則として不勅許であり、天皇・皇太子は烏帽子を被らない。

材質は羅や紗などの薄物・平絹・布など身分対応で様々だが、いずれも黒の無文・無地である。材質を左右二枚合とし、薄く黒漆を塗り、縫目を前後に被る。

構造は、被り口を縁《へり》、頭頂部を峰《みね》とよぶ。また、後頭部先端からやや内側に左右一本ずつの緒所を取り付け、懸緒（風口緒《かざぐちのお》とも）とよぶ。この懸緒を後頭部で結んで烏帽子を固定する。懸緒は後頭部先端よりもやや内側に付いているから、烏帽子着用時は後頭部に必ず隙間ができる。この隙間を風口とよぶ。

被り物を被らない無帽の状態を露頂《ろちょう》とよぶ。露頂は平安時代には恥辱と考えられ、他人に髻を見せることはなく、就寝中や入浴中も被り物のままである。そこで烏帽子は本来は柔軟なものであり、同一の構造で様々な被り方があった。公家では立《たて》烏帽子・平礼《へいれい》烏帽子（略して平礼）・風折《かざおり》烏帽子（略して風折）を基本とする。

公家の烏帽子　立烏帽子はもっとも正式な被り方である。これは峰をふくらませ、烏帽子

図38　風折烏帽子に出仕直垂姿（「足利義教像」より作画）。『図集』より

の正面をへこませて被った。正面をへこますことを「敬《うや》を作る」という。立烏帽子は主に五位（諸大夫）以上の所用で、烏帽子直衣は立烏帽子である（図36）。

平礼は略儀の被り方である。峰をふくらませず、敬も作らず、そのまま被る。そこで風に当たると峰がヘラヘラと揺れたので平礼の名称があるという。召具装束は平礼が正式である。

風折は敬を作り、峰を左右どちらかに折って被る（図38）。こうした被り方は平安時代からあるが、様式として整うのは、強装束以降、烏帽子も黒漆厚塗になり、形状が固定されるようになってからである。

風折はもっぱら地下用だが、上皇も着用し、着用者からみて上皇は右折、その他は左折である。また、室町時代には風折烏帽子が武家にも採用され、江戸時代には素襖と肩衣をのぞくすべての武家装束で風折烏帽子が式正となる。

室町時代の烏帽子　強装束以降、形状固定されて硬化した烏帽子は、室町時代には、和紙製黒漆塗のまったく形式化したものとなる。まず烏帽子を被った時にできる表面全体の皺《しわ》を「さび」とよび、漆で作りつけにして皺の細かい順に柳皺《やなぎさび》・小皺《こさび》・大皺《おおさび》とし、柳皺を若年用、小皺を壮年用、大皺を老年用とした。

また、立烏帽子や風折では敬内部の皺を固定し、特に敬の下端にでる横線を眉《まゆ》とよび、これに左右対称の諸眉《もろまゆ》、着用者にとって右だけの右眉、左だけの左眉の三様式を作り、右眉は上皇用、左眉は一般用、諸眉は若年用と区別した。

また、硬化した烏帽子では懸緒（風口緒）だけでは固定が不十分なために、顎紐《あごひも》としての懸緒も使用した。そのうち懸緒を頭上から懸けたものを翁懸《おきながけ》、縁の左右に取り付けたものを忍懸《しのびがけ》とよぶ。前者が正式で、材質はともに紙捻を正式とした。

庶民・武家の烏帽子　庶民の烏帽子は峰が少し尖った形状で、これを圭頭《はしはこうぶり》とよぶ。着用法は自然のままであり、広義の平礼といえる。こうした庶民の烏帽子は、強装束以降も柔軟なままであり、揉《なえ》烏帽子とよぶ。

武家の烏帽子は揉烏帽子を継承し、峰を後方に倒して被り、また、細かく折り畳み、髻部分を突出させて巾子形《こじがた》を作って被る。これを折《おり》烏帽子とよぶ（図39）。折烏帽子の折り方には流派がある。

図39　折烏帽子に大紋姿（「益田兼堯像」より作画）。『図集』より

揉烏帽子はおもに軍陣用であり、打梨《うちなし》（梨打）烏帽子・押入《おしいれ》烏帽子・引立《ひきたて》烏帽子などともよぶ。鎌倉時代後期以降、軍陣ではこの揉烏帽子に鉢巻をするようになり、室町時代には、髻を解いて乱《らん》髪《ぱつ》（大童《おおわらわ》とも）とし、揉烏帽子に鉢巻をした姿が軍陣での式正の姿となる。

折烏帽子はもっぱら直垂での被り方である。日常用であり、軍陣にも使用した。鎌倉時代には、折烏帽子に直垂の姿が幕府出仕の公服である柳営服となる。

折烏帽子は別称を侍《さむらい》烏帽子とよび、室町時代以降はやはり紙製漆塗に硬化・形式化。全体に平板なので俎《まないた》烏帽子、また巾子形の三角形が納豆を包む曲物《まげもの》に似ているので納豆烏帽子などともよばれた。

烏帽子懸　折烏帽子には懸緒（風口緒）とは別に烏帽子懸がある。烏帽子懸には組紐や韋緒を用いたが、日常の小《こ》結懸《ゆいがけ》と晴儀・軍陣用の頂頭懸《ちょうずがけ》がある。

小結懸は、髻を束ねる緒所である本結《もとゆい》の結び余りを長くし、折烏帽子の後頭部に二つの孔を開け、その孔に結び余りを通して外に引き出して結ぶ。一方、頂頭懸は文字通り頭上から懸けた。

なお、室町時代以降、小結懸の結び余りを長く張らせたものを長小結《ながこゆい》とよび、元服直後の若年の標識となる。また、元服年齢に達してもなんらかの理由で正式の元服ができない若年の標識ともいう。

露頂の定着　室町時代以降、庶民や武家の日常を中心に、露頂で前頭部を剃った月代《さかやき》が定着。正式装束以外は烏帽子を被らなくなる。これは肩衣袴《かたぎぬばかま》などの新しい着衣の流行に対応した現象である。

二　公家装束——狩衣と水干

①狩衣

狩衣と狩衣系装束　束帯・布袴・衣冠・直衣が、武家も着用するが、純然たる公家装束であるのに対し、狩衣・水干は本来は公家装束でありながら、鎌倉幕府成立以降、武家の正装

図40　狩衣姿（『伴大納言絵巻』より作画）。『図集』より

ともなった装束である。

また、公家装束には狩衣に準じた狩衣系の装束が多く、半尻《はんじり》・小直衣・召具装束などがあり、水干も狩衣系の装束である。ここではこれらを一括して解説する。なお、ここで一括して解説する装束の名称は、いずれも皆具の名称ではなく、上着の名称である。したがって、全体構成を示す場合は、〜姿ということになる。

狩衣姿　狩衣姿の構成は、被り物は烏帽子。立烏帽子・平礼・風折のいずれにも対応し、冠を被ることもある。肌着は、本来は下袴に単。強装束以降は、下袴の下に肌小袖を着用する。下着は袙を着用することもあり、肌着・下着を指貫または狩袴に着籠める。上着は狩衣。布衣《ほうい》ともよぶ。腰に当帯を装着し、扇を持ち、素足に浅沓を履く（図40）。

狩袴が六幅の括袴であることは既述した。その材質は絹製・袷または布製・一重であり、どちらも無文または無地。色は白や浅葱である。なお、装束では袷つまり裏地が付くのは絹製のみ。布製は一重つまり裏地が付かない。

当帯は狩衣の表地と同様の生地を用い、懐を作って締めた。さらに狩衣の後身は後に垂れたままであり、邪魔な場合は内側に折って腰に挟んだ。これを押折《おしおり》とよぶ。

狩衣の構造　狩衣の構造は、身一幅・広袖一幅半・盤領・闕腋・無襴・対丈であり、身一幅である点が狩衣の最大の特徴である（図41）。これまで解説してきた装束は肌着から上着まですべて身二幅である。つまり背縫がある。しかし、身一幅の狩衣には背縫がない。

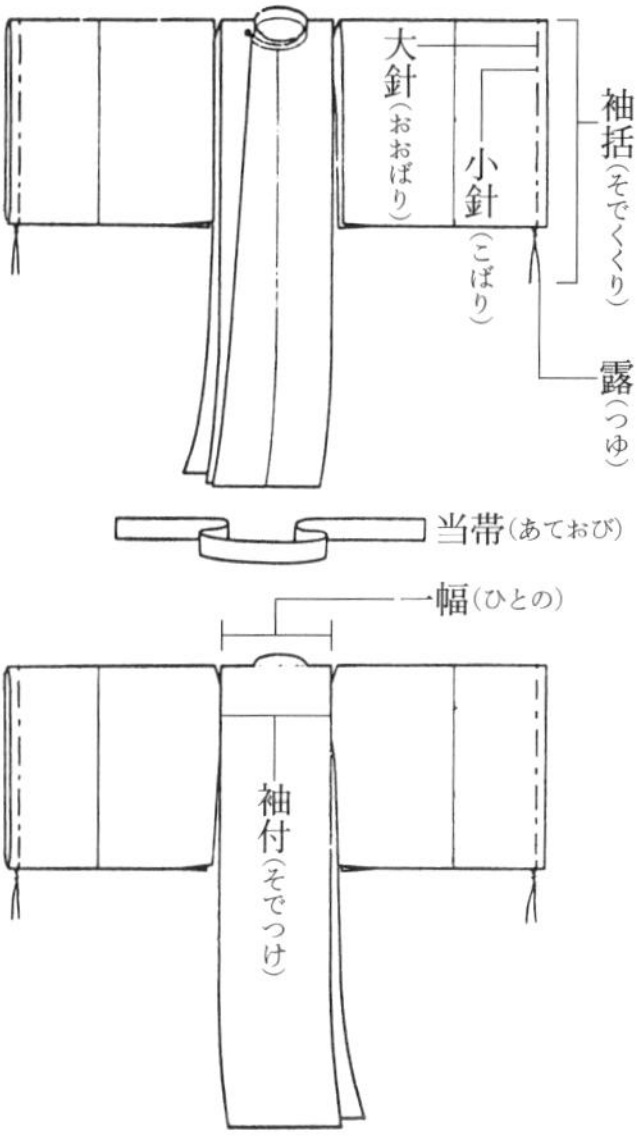

図41　狩衣図（正面・背面）。『図集』より

身一幅の場合、身に袖を縫い付けてしまうと突っ張ってしまう。そこで狩衣の袖付は後身の一部とし、肩から前身にかけてはまったく縫い付けていないため、肩から前身にかけては割れている（図40）。なお、狩衣系装束はすべて身一幅である。

狩衣の使用　狩衣は、本来野《の》

行幸《ぎょうこう》供奉の狩装束《かりしょうぞく》の上着である。野行幸とは天皇の鷹狩である。摂関期はじめの醍醐《だいご》天皇までは野行幸を行っているが、その後の天皇はそもそも内裏をあまり出なくなり、まして穢《けがれ》の観念が発達して、殺生を行う野行幸などはしなくなった。

狩衣は本来こうした目的で着用した装束であったために、袖が邪魔にならないように袖括がある。野行幸がなくなってからは、狩衣は身分下位者（下級貴族層）の私服となり、遠行や旅行などで着用する装束となる。参内は不勅許である。

布衣始《ほういはじめ》　また、天皇・皇太子は狩衣を着用しない。しかし、上皇は着用する。上皇が譲位後はじめて冠を脱ぎ、烏帽子狩衣を着用する儀礼があり、それを布衣始（御布衣始《ごほういはじめ》）とよぶ。

布衣始以降、上皇は生活様式をそれまでの冠を被った朝廷様式から、烏帽子を被った仙洞様式に改め、制約のある公人から自由な私人となった。また、臣下も御布衣始後は烏帽子直衣や狩衣での院参《いんざん》が可能となる。特に院政期以降、狩衣は院参装束となったが、それは院の近臣層に狩衣を常用する下級貴族層が多かったからでもある。

狩衣の材質　狩衣の材質は本来布製一重。そこで布衣ともよぶ。これが下級貴族の私服となるにつれ、絹製・袷が出現。身分などの慣例的な規定が成立した。なお、狩衣は公卿以上は原則として着用せず、もっぱら殿上人以下が着用する。身分区別は位階制に基づき、袖括にも身分規定がある。

まず五位以上。材質は有文絹製・袷。袖括は組紐。組紐も色や組方に年齢による区別があり、若年は紫《むらさき》緂《たん》の薄平《うすひら》、壮年は萌葱《もえぎ》緂《たん》の厚細《あつぼそ》、老年は白の左右撚《さゆうより》である。六位以下は、材質は無文絹製・一重または布製無地。袖括は年齢にかかわらず白の左右撚である。

この規定に季節区別はない。有文は夏も袷、無文は冬も一重である。また、色・文様にも規定はない。そこで様々な装束のなかで狩衣が一番派手になることがある。

ちなみに緂とは緂染《たんぞめ》であり、白地に紫緂ならば紫、萌葱緂ならば萌葱を点々と斑《まだら》に染めた。薄平と厚細は組紐の種類。薄平は扁平、厚細は断面方形の組紐である。左右撚は組紐ではなく、撚紐である。なお、いずれの袖括も括紐を袖口に縫い刺した様式であり、縫い刺した部分には長短があり、長を大針《おおばり》、短を小針《こばり》とよぶ（図41）。

武家の狩衣と布衣　武家にとって狩衣は直垂とともに正装である。特に室町時代には狩衣と直垂は武家の最礼装となり、狩衣も直垂も絹製だけとなる。そして厳格な規定が成立した。

つまり有文・袷が五位以上、無文・一重が六位以下の所用であることは公家の規定とほぼ同様である。しかし、注目されるのは、材質で狩衣と布衣が明確に区別され、有文・袷を狩衣、無文・一重を布衣とした。

これは武家のみに通じる区別だが、江戸時代の武家にも継承され、しかも布衣は「ほい」と読み、六位相当の身分名称ともなった。なお、武家でも季節の区別はなく、色や文様にも原則として規定はない。

②狩衣系装束――半尻・小直衣・召具装束

狩衣系装束　狩衣系装束には、半尻・小直衣・召具装束・水干などがある。いずれも上着の名称であると同時に、構造上の共通点は身一幅・盤領・闕腋である。順に解説するが、水干は別項目とする。

半尻　半尻は親王や公達などの童用の狩衣であり、近代は御童形服《ごどうぎょうふく》とよぶ。構造は狩衣同様だが、童用として後身が短い。そこで半尻とよぶ。構成も狩衣に準拠するが、童であるから露頂である。なお、髪は後ろに束ねる。

半尻は本来は日常用だが、鎌倉時代末期以降は晴儀用となり、材質などが華美になる。まず材質は浮織物や二陪《ふたえ》織物《おりもの》となる。二陪織物は、浮織物の生地にさらに別色糸で文様を刺繡のような縫取織《ぬいとりおり》とよぶ特殊技法で加えた高級な有文絹地である。

また、袖括が置括《おきくくり》になる。置括は括るための袖括ではなく、袖口の装飾である。左右撚の色糸を毛抜型に縫い付け、毛抜型のなかに糸花《いとばな》(色糸による花形)を加える。

さらに袴として、下袴と指貫に替えて前張大口《さいはりのおおくち》を着用する。これは白の大口であり、構造は四幅・対丈・腰二本である。ただし、材質が平絹ではなく、前身は大精好《だいせいごう》、後身は精好《せいごう》となる。

精好　精好は濡緯平織《ぬれぬきひらおり》の絹地。広義では平絹であり、経糸を練糸《ねりいと》、緯糸を生糸《すずしいと》とし、緯糸を水に濡らしながら織ると、織り上がった生地に強い張りが出た。この精好が鎌倉時代末期以降、肌袴の生地として流行し、直垂の生地にも使用された。大精好は、精好と同様ながら緯糸を数本撚り合わせた太糸で織ったもので、織り上がりの生地には精好よりもさらに強い張りが出た。

袴を精好で仕立てると、横に張った四角い袴となる。大精好で仕立てるとさらに張が強くなる。そこで前身が大精好の大口を前張大口とよぶ。室町時代には後身を大精好とした後張《うしろばり》大口もある(後述)。

なお、絹糸は膠質《にかわしつ》でコーティングされている。その膠質が付いたままの糸が生糸、煮沸して膠質を除去した糸が練糸である。

小直衣　小直衣は、構造は狩衣同様ながら有襴である。雑袍と狩衣の折衷様式の上着であ

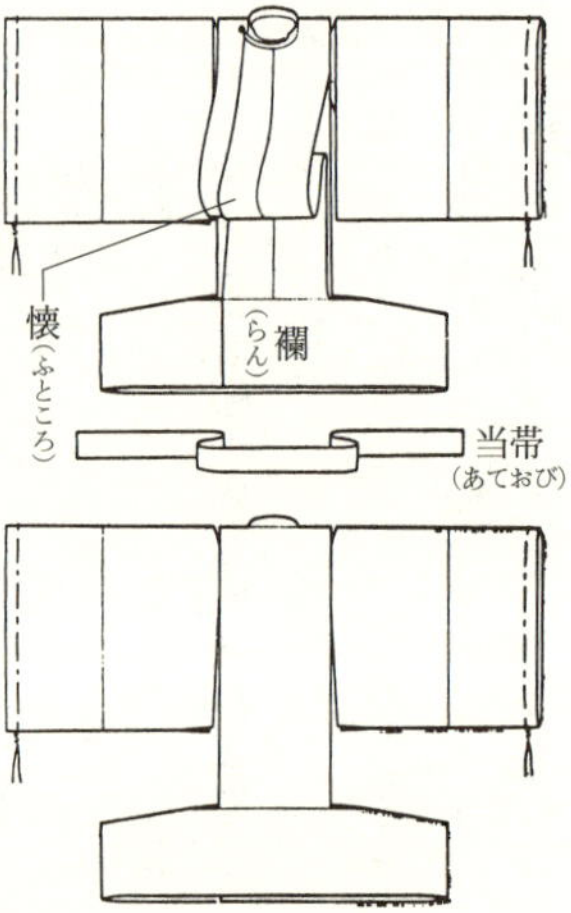

図42　小直衣図（正面・背面）。『図集』より

る（図42）。そこで狩衣《かりぎぬ》直衣《のうし》・有《う》襴狩衣《らんかりぎぬ》などともよぶ。闕腋ながら有襴のため、懐は作り付けとなり、格袋はない。材質は袖括を含めて五位以上の狩衣と同様であり、構成は烏帽子直衣と同様である。

使用は、上皇・親王・摂関・大臣・近衛大将などの身分上位者。参内は不勅許である。なお、上皇の小直衣は甘御衣《かんのおんぞ》、親王の小直衣は傍続《そばつぎ》ともよぶ。天皇は着用しないが、明治時代以降は、一部の行事で御金巾子冠とともに着用する。

召具装束　次に召具装束である。まず召具とは何であろうか。召具とは、行幸（天皇）・御《ご》幸《こう》（上皇・皇后）・行啓《きょうけい》（皇太子）・出向（公卿等）・祭礼（神幸《しんこう》）などの行列に供奉する、地下の武官・武官系地下官人・舎人・雑仕《ぞうし》などの総称である。それらの行列に召し具すから召具とよぶ。あくまで公家側の人々である。その種類は、随身・馬副《うまぞえ》・車副《くるまぞえ》・手振《てぶり》・傘持《かさもち》・沓《くつ》持《もち》・居飼《いかい》・牛飼などと多種多様である。

こうした召具の装束を一括して召具装束とよぶが、その内容は被供奉者、行列の晴儀・略儀、召具の身分や職掌などに対応して煩雑である。そうしたなかで、召具装束をあえて二種類に大別すれば、冠着用と平礼着用になる。冠着用の代表に褐衣があり、平礼着用に退紅《たいこう》・白張《はくちょう》・白襖《しらおう》などがある。なお、後者には狩衣（布衣）・水干も含む。

そこで、召具装束としてはこれらの装束を取り上げる。これらの召具装束の共通点は、まずいずれも上着の名称であり、材質は布製・一重を原則とする。構造も原則として広袖二幅・盤領・闕腋・無襴・対丈である。広袖二幅だが、これは布製だからである。布は絹よりも織幅が狭く二幅となる。狩衣も布製のものは二幅である。また身は本来は二幅であったが、院政期以降に、一幅化つまり狩衣化する。さらに構成では、袴がいずれも六幅の括袴つまり襖袴・狩袴・小袴のいずれかになる。

随身・馬副・車副・手振　褐衣着用の召具は、随身・馬副・車副・手振などであり、彼らにとって褐衣姿は束帯に準じる束帯系装束となる。

随身は身分上位者（上皇・摂関・大臣・大納言など）や近衛大将・次将などに朝廷から付与される身辺警固担当の従者。おもに近衛府の地下の武官や舎人が任命された。馬副は騎馬の馬脇に従う従者、車副は牛車の脇に従う従者である。馬副・車副は馬や牛車に従うだけであり、馬の世話をする居飼や牛の世話をする牛飼童とは異なる。手振は何も持たず、文字通り手を振って行列に従う召具である。

褐衣姿　褐衣姿（図24）の構成は、着用者の身分・職掌、また行列の晴略などで異なるが、ほぼ次のような構成である。

被り物は巻纓または細纓の冠に緌。肌着・下着は肌小袖・下袴・単・衵など。下襲を加えることもある。上袴は襖袴。上着は褐衣。装身具は石帯または白布製当帯。白布製当帯装着の褐衣姿は平装束《ひらしょうぞく》とよぶ。図24は平装束である。履物は素足に浅沓か草鞋。草鞋は晴儀では乱緒《みだれお》。また、随身は、尻鞘を入れた黒漆の毛抜型太刀と平胡籙・壺胡籙・狩胡籙のいずれかを佩帯し、弓を持つ。なお、馬副・車副・手振は武具は佩帯しない。

このうち襖袴は垂袴（下括）・上括どちらもある。材質は白無地が通常だが、風流では染《そめ》分袴《わけばかま》となる。染分袴は、袴の下半分を、着用者が左方所属ならば紫系統（蘇芳・二藍など）、右方所属ならば黄系統（朽葉・萌葱など）に染めた襖袴である。また、垂袴では下に行縢《むかばき》を着用し、それを襖袴から透かすこともある（図24）。行縢は、騎馬時に馬膚《うまはだ》に擦れて袴が汚れることを防止するために、両股正面に装着する毛皮製装身具。褐衣姿では騎馬の有無にかかわらず、風流として垂袴の下に装着した。一方、上括の場合は脛に菓脛巾《いちいはばき》を装着する。菓脛巾は葉とよぶ植物の茎を束ねた脛巾である。草鞋は「わらじ」（これも草鞋と書く）の原型となる藁を編んだ鼻緒《はなお》のある履物。乱緒は鼻緒部分の藁を捌《さば》いて装飾とした草鞋である。

褐衣は随身等には位袍に相当し、色は六位の位色である深縹を原則とし、風流では紫や蘇芳もある。褐は褐色の意ではなく、中国では毛織物のことであり、日本では布で代用された。

なお、随身の晴儀の褐衣は、円形の摺文様《すりもんよう》を押し、蛮絵（盤絵）の袍とよぶ。摺文様とは木型に文様を彫り付け、墨等を塗り、生地にスタンプのように押して文様を出したものである。具体的な文様は獅子丸・熊丸・鴛鴦丸（皇太子の位袍の文様とは別）であり、それを六衛府（左右近衛・左右衛門・左右兵衛）で使い分けた。

褐衣を含む召具装束が、本来は身二幅で、院政期に一幅化したことは既述したが、風流の褐衣は袖括さえ入り、まさに狩衣化した。そこで褐衣は冠着用が原則であるにもかかわらず、褐衣で冠を被ることに違和感を生じ、冠に褐衣の姿を褐冠《かちかむり》とよぶようになる。

退紅・白張・白襖　退紅は、薄紅染の生地なのでその名がある。上袴は白・布製・無地の小袴。白張は如木ともよぶ。強く糊張りした白・無地の生地なのでその名がある。上袴も白・布製・無地の小袴で強く糊張する。白襖は白狩衣。袴は白の襖袴。

車副は晴儀では、牛車の種類に対応して、褐衣と白張を着用し分けたが、白張の場合は単と下袴を省略し、それを無単袴《ぶたご》とよぶ。白襖は廷《てい》尉《い》（実務担当の検非違使三等官）が主に着用し、冠を被る場合もある。これを布衣冠《ほういかぶり》とよぶ。

③水干

図43　庶民の水干姿（『伴大納言絵巻』より作画）。『図集』より

水干の意味　水干は水干狩衣の略称であり、まさに狩衣系の装束である。水干とは本来は材質の名称であり、水にさらして精練し、天日《てんぴ》干《ぼし》した麻製の布（麻布）のことである。同様の処理を木綿で行えば晒《さらし》となる。これが装束の上着の名称に転化したのである。なお、布地にこの処理を施すと、より水分を吸収しやすくなる。

水干姿　水干姿の構成は、被り物は烏帽子各種。肌着・下着は、肌小袖または帷《かたびら》、大口または腰継、単または大帷と様々。上袴は小袴。上着は水干。履物は浅沓・草鞋・草履《ぞうり》などである。裸足のままの場合もある（図43）。水干は公卿を除く上皇以下庶民までの様々な階層が着用するため、その構成は一定しない。

なお、水干は上袴と上着の着用順に注意が必要である。これまでの装束はすべて上袴の上に上着を着用したが、水干は先に上着を着用し、その裾を小袴に着籠めた。これはすべての武家装束でも同様である。なお、水干を小袴に着籠めずに羽織っただけを覆水干《おおいずいかん》とよぶ。

水干と狩衣の相違点　水干は布製のため、文様は染文様や摺文様となる。そこで文様の規定はなく、また色もまったく自由である。構造は狩衣同類だが、一部が相違する。相違点は、水干は小袴に着籠めるために裾が狩衣よりも短くなる点、頸上の留方が結紐式となる点、菊《きく》綴《とじ》を施す点である。図41の狩衣図と図44の水干図を比べていただきたい。

三種類の頸上の留方　結紐式の留方は、頸上の右端と背面中央にそれぞれ懸緒とよぶ緒所

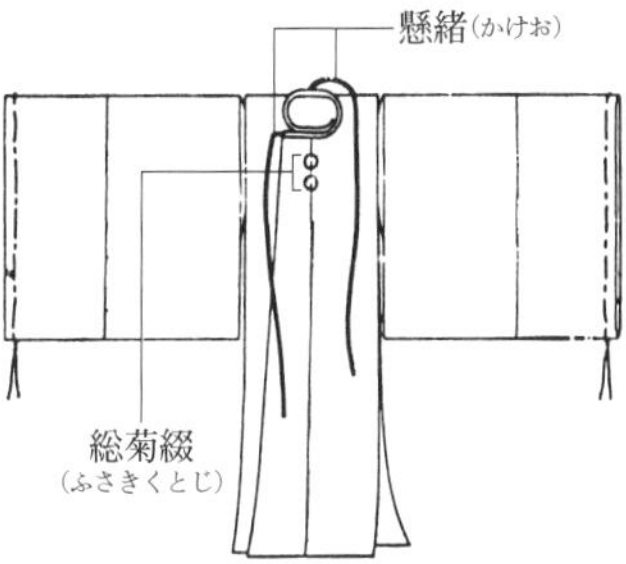

図44　水干図。『図集』より

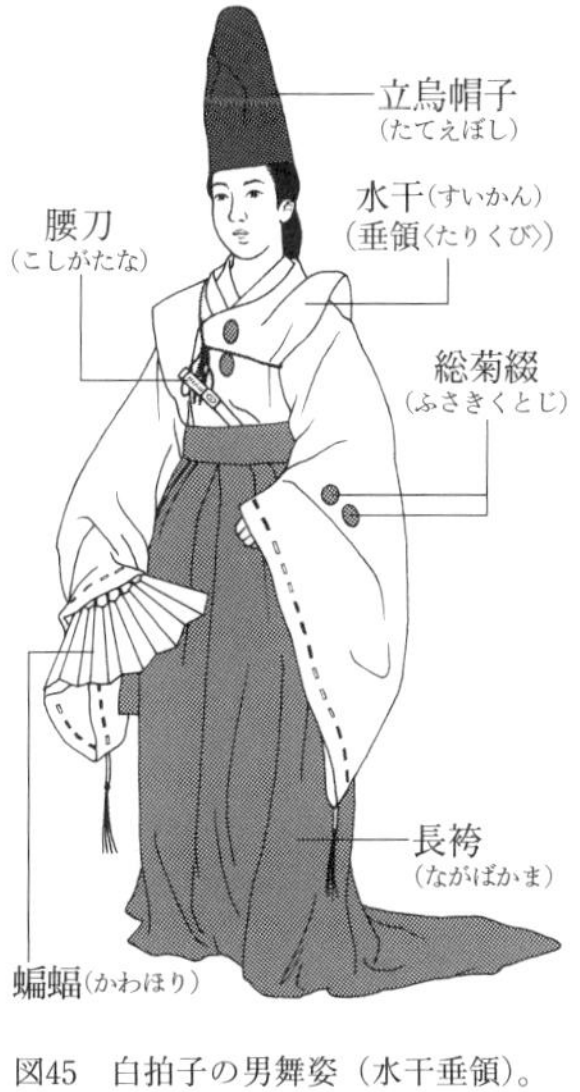

図45　白拍子の男舞姿（水干垂領）。『日本の服装』を資料に作画

を取り付け、この二本の懸緒を結んで頸上を留める方法である。二本の懸緒の結び方で、上《あげ》頸《くび》・紐解《ひもとき》・垂領《たりくび》の三種類がある。

上頸は正式の留方であり、二本の懸緒を単純に頸上右側で結ぶ。紐解は略儀であり、懸緒を結ばずに垂らしたままである。垂領（図45）は、懸緒を取り付けてある頸上右端を内側に折り込み、その先の懸緒を左脇の闕腋部分から出して胸の正面に戻し、背面中央の懸緒と結ぶという方法である。盤領ながら垂領状になるのでその名がある。この方法は武家に普及し、鎌倉時代には上頸よりも礼装化する。

菊綴　菊綴は本来は縫目《くけめ》（縫目）の綻留《ほころびどめ》である。菊綴を施す位置は五か所であり、前身は胸前の前身と衽の縫目。後身は左右の袖付と奥袖・鰭袖の縫目である。その部分に撚紐や組紐を通して固結びとし、結び目が解けないように結び余りを捌いた。その捌いた状態が菊花のようにみえるので菊綴とよぶ。これが院政期に装飾化。一か所に二個ずつ取り付ける菊花型の飾総《かざりぶさ》となった。この菊綴を総菊綴《ふさきくとじ》とよぶ。図44の正面中央や、図45の正面中央と袖の部分に二個ずつみえる円形のものが総菊綴である。

水干袴　水干の小袴は六幅・四幅両方だが、どちらも水干地に総菊綴を取り付ける。これを水干袴とよぶ（図46）。また通常の麻布ではなく、葛布《くずふ》使用の水干袴を葛袴《くずばかま》とよぶ。

水干袴の菊綴の位置は四か所。左右股裁《ももだち》の相引《あいびき》と左右膝上の絎目である。股裁の相引は股裁が始まるもっとも力が掛かって綻びやすい部分である。図46の左右両端に二個ずつある円形がそれである。左右膝上の絎目は、六幅の括袴にのみある正面の絎目である。その膝上に相当する部分に総菊綴を施した。図46では半分隠れているが、正面上部左右に二個ずつみえる円形がそれである。

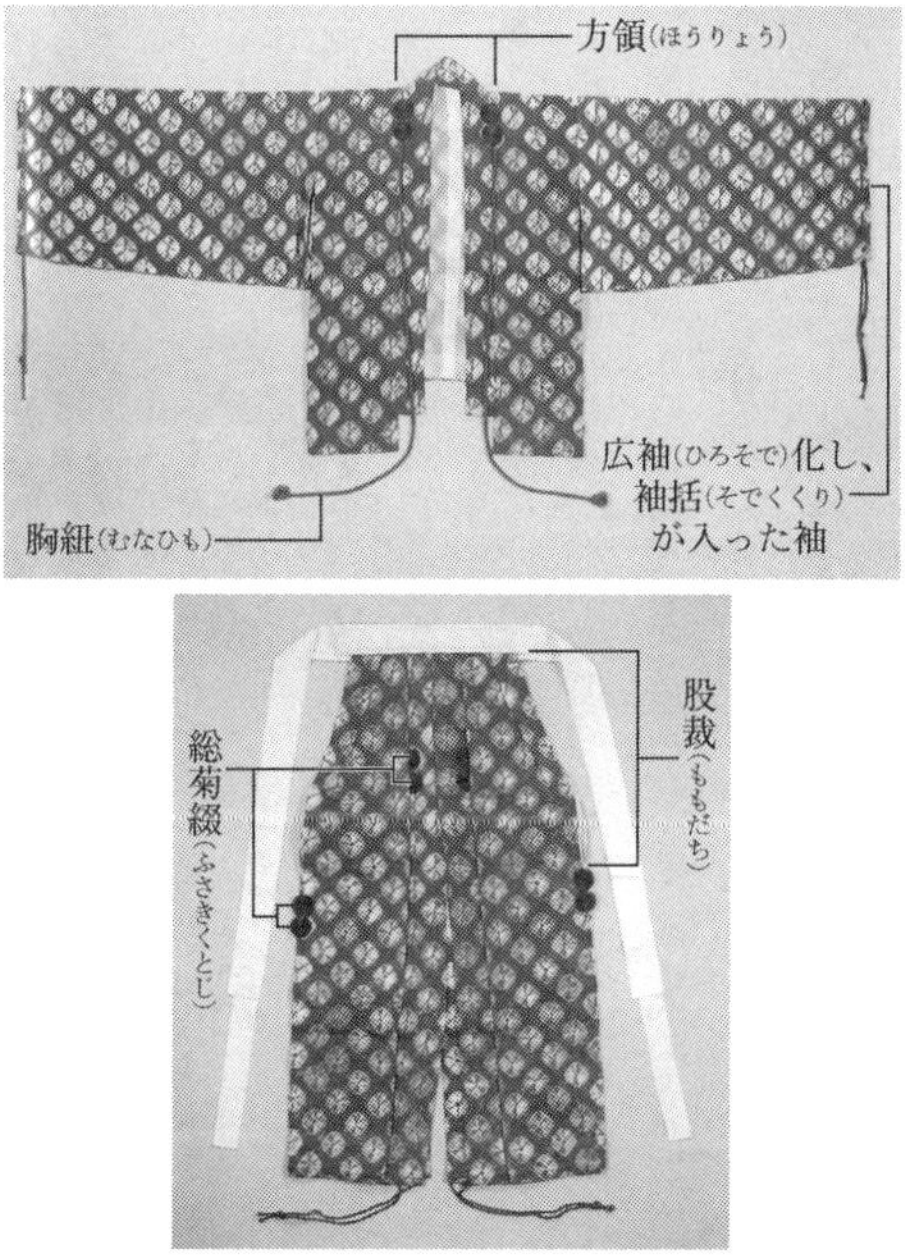

図46　鎧直垂上下（袴は水干袴様式）。『図録』より

　水干袴も色や文様についてはまったく規定がない。その点が同じ括袴でも、襖袴や狩袴とは相違する。ただし、水干と小袴は同地で仕立てるのを正式とする。これを上下《かみしも》

とよぶ。一方、上下が相違するときは、水干小袴・水干葛袴などとよぶ。図43は水干小袴姿である。なお、武家装束もいずれも上下である。そのうち肩衣袴姿が、江戸時代に登城服に採用されると上下の名称を独占。「裃」という国字（日本成立の漢字）さえ成立。「かみしも」といえば肩衣袴の代名詞となる。

水干の風流と使用　水干には生地の一部を別地にする風流がある。色替《いろかえ》と片身替《かたみがわり》である。色替は衽と左右の鰭袖を別地とする。片身替は、両袖（奥袖・鰭袖とも）と小袴の左右を対角線で合わせて別地とする。

水干は、一部の召具、検非違使の下部《しもべ》、滝口《たきぐち》の武士などにとっては公服となる。また、上皇や殿上人も狩衣の代用として着用し、公家の童も童水干《わらわずいかん》として着用した。さらに庶民（中央都市民）や地方有力者などの一般着衣や労働着ともなった。

白拍子《しらびょうし》　水干着用の特例として白拍子の男舞《おとこまい》の装束がある（図45）。白拍子とは本来は拍子のことで、やがて舞の名称となり、さらにその舞を舞う遊女をいうようになる。男舞姿の構成は、立烏帽子に水干を垂領に着用して長袴に着籠め、腰刀《こしがたな》（短刀）を腰に差し、扇を持つ。烏帽子・水干・腰刀が男子の象徴となる。

水干の衰退　水干は院政期には絹製も出現。また小袴とともに寛闊化し、水干がまさに材質名から様式名へと転化する。鎌倉時代には、武家の礼装として垂領で着用された。しかし、室町時代には、正月の的初《まとはじめ》の射手や一部の芸能では着用されたが、公家・武家ともに水干を着用しなくなって衰退。江戸時代には消滅した。

なお、江戸時代には蹴鞠用の鞠水干《まりずいかん》という装束が成立する。しかし、これは水干といっても水干様式でなく、直垂様式の装束である。

三　武家装束――直垂・大紋・素襖・肩衣

①直垂

武家装束はすべて直垂系　直垂・大紋・素襖・肩衣は純然たる武家装束であり、直垂が庶民の着衣から変遷して武家装束となり、南北朝時代以降にその直垂から派生して大紋・素襖が成立。素襖から肩衣が成立する。つまり武家装束とはすべて直垂系装束といえる。

ところで、直垂には二種類ある。ひとつは衾《ふすま》の直垂である。これは身二幅・広袖一幅・方《ほう》領《りょう》・縫腋・裾長の構造で、袷の綿入とした上掛けの寝具である。袖付の掛布団であり、この小袖様式が、現在でも一部で使用されている掻巻《かいまき》や「どてら」である。

図47　労働着の直垂姿（袖細四幅袴〔そでぼそよのばかま〕姿）（『粉河寺縁起絵巻』より作画）。『図集』より

もうひとつは労働着の直垂である。これは身二幅・筒袖一幅・方領・闕腋・腰丈の上着。材質は布製・一重。四幅の小袴に着籠めて上下《かみしも》で着用する（図47）。小袴に着籠めずに羽織った場合は懸直垂《かけひたたれ》とよぶ。

この二種類の直垂は混同されたり、派生関係が説かれることがあるが、名称は同様でもまったく別個のものである。両者の構造的共通点は方領である。方領は「かくえり」とも読み、衽のない垂領であり、前身に直接襟が付く（図46・48）。そこで襟が長方形状になるので方領とよび、襟が垂直に垂れるのでともに直垂という。なお、現在の着衣では羽織《はおり》や法被《はっぴ》が方領である。

二種類の直垂のうち、武家装束となるのは労働着の直垂であり、身二幅・方領・闕腋・腰丈という基本構造と小袴との上下の着用を継承しながら、変化して武家装束となった。

直垂の水干化　最初の変化は院政期の水干化である。つまり労働着の直垂は本来は地方労働者の着衣であり、水干は地方有力者も着用したものの公家装束であり、また都市民の着衣である。そうした直垂が中央に導入されて水干の要素が取り入れられたのである。

　その背景には中央と地方の都《と》鄙《ひ》間《かん》交流があろう。古代や中世でも日本社会は決して中央と地方が隔絶していたわけではなく、むしろさかんな交流があった。たとえば律令制下では、調《ちょう》などの税物は地方から中央（都）に運んでくるものであったし、国司は中央から派遣される役人である。そうした流れのなかに武士もあり、武士も地方だけに関わりを持つ存在ではなく、中央と深く関わっていた。そうした武士が中央に直垂をもたらしたものと考えられる。

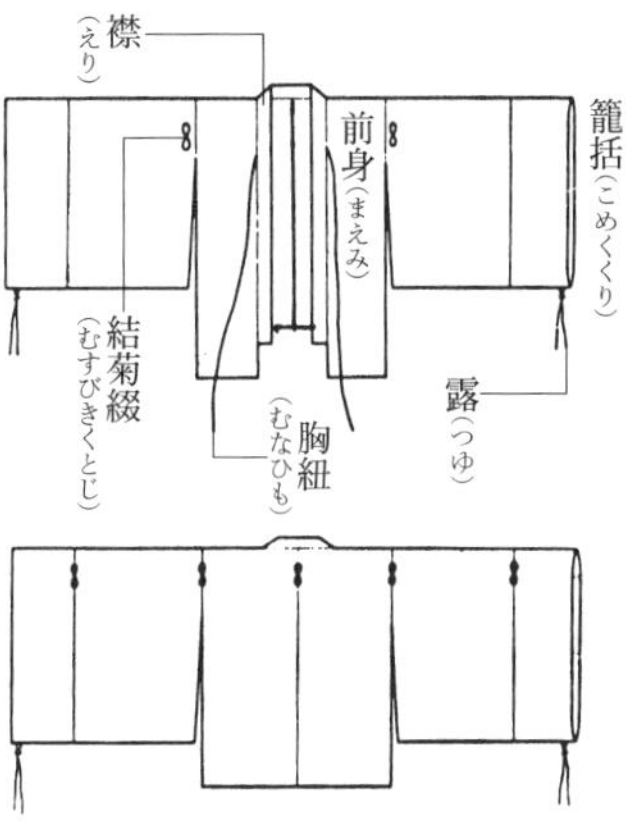

図48　出仕直垂図（正面・背面）。『図集』より

　水干化の顕著な点は袖の変化である。つまり袖が筒袖から広袖化し、鰭袖と袖括が導入された。また、菊綴や胸紐も整備された（図46）。菊綴の位置は、後身は身二幅の背縫部分、左右奥袖・鰭袖の縫目、左右袖付、前身では左右袖付や胸紐の根などに施された。胸紐は方領の前を合わせるために必要であり、羽織や法被にも胸紐が付く。また、材質は絹製・袷（直垂では裏打とも）も出現。小袴も六

幅・菊綴付の水干袴様式となる。

出仕直垂《しゅっしびたたれ》と鎧直垂《よろいびたたれ》の分化　水干化した直垂は、鎌倉時代になると出仕直垂と鎧直垂に分化する。まず、出仕直垂は、水干化した直垂が幕府出仕の公服である柳営服として採用された結果、寛闊化した直垂である（図48）。水干化した直垂は広袖化といってもまだ袖口が狭く、完全な広袖ではなかったが、出仕直垂は完全な広袖となり、袖括も

図49　出仕直垂姿（『法然上人行状絵伝』より作画）。『図集』より

括紐を袖口に籠めた籠括《こめくくり》とよぶ様式に変化する。この籠括もやがて形式化し、括紐を入れない露だけの形式化したものとなる。小袴も裾長となり、下括主体に着用し、腰紐は白（白腰）が原則となる。また、菊綴は総菊綴ではなく、「もの字結」といい、8の字の中央に一本線を入れた形の結菊綴《むすびきくとじ》となる。

また、出仕直垂の構成は、被り物は折烏帽子が原則。肌着・下着は肌小袖を重ねた重小袖《かさねこそで》に大口（白大口）。上着は直垂。上袴は小袴・下括。持ち物は扇に腰刀。履物は素足に緒太《おぶと》などの草履である（図49）。

一方、鎌倉時代には、水干化した直垂は軍陣限定の直垂となる。それが鎧直垂である（図46）。鎧直垂は、袖口は広袖化しているがまだ狭く、袖括は狩衣同様の大針・小針様式。小袴は対丈で上括主体に着用する。菊綴は総菊綴である。ただし、小袴は白腰である。また、上下に着用するが、その材質は錦・綾・縫取（刺繡）など華美なものとなる。また、鎧直垂には風流がある。色替と片身替だが、水干とは構造が相違するので、色替は襟と左右鰭袖を別地にし、片身替は身の左右と小袴の左右を対角線に別地とした。総菊綴を一か所に複数個取り付ける風流もある。

鎧直垂姿の構成は出仕直垂姿とほぼ同様だが、被り物は揉烏帽子もあり、小袴が上括主体のために下袴は腰継とし、脛に脛巾をする。また騎兵は革手袋をし、なによりも甲冑・小具《こぐ》足《そく》を着用し、弓箭・太刀・腰刀などを佩帯した。履物は、騎兵は貫《つらぬき》とよぶ毛皮製の短沓、歩兵は足半《あしなか》とよぶ爪先部分しかない草履などである。

なお、水干化した直垂以前の筒袖様式の直垂も残り、袖細《そでぼそ》とよぶ。上袴は四幅小袴で、上下で袖細四幅袴姿《そでぼそよのばかま》とよび、労働着や武士では下卒用となる（図47）。

室町時代の直垂の変化　室町時代に直垂はさらに変化する。鎧直垂姿の構成はあまり変化はない。揉烏帽子に鉢巻を装着し、革足袋《かわたび》を着用する。革足袋の着用は、履物が騎兵・歩兵ともに草鞋《わらじ》中心になったので、鼻緒擦防止のためである。なお、武具そのものも大きく変化する。

一方、出仕直垂はさらに寛闊化する。小袴が裾長の長袴になったことがその象徴である。また式正という概念も出てくる。式正とは色々な選択肢のなかでもっとも正式のものをいう。室町時代の武家特有の言葉である。

式正の出仕直垂姿の構成は、被り物は風折か折烏帽子。肌着・下着は重小袖に後張大口と大帷。上着は一重直垂。上袴は白腰の長袴。上着と上下である。持ち物は扇と腰刀。履物は素足に草履である（図38）。なお、出仕直垂に限らず大紋・素襖でも式正は素足。幕府内での足袋の着用は御免《ごめん》（将軍の許可）が必要である。

後張大口　後張大口は、前身を精好、後身を大精好で仕立てた白の大口。室町時代の武家の日常着として、上袴を省略し、後張大口に懸直垂の姿が流行する。この姿は現在でも能装束に継承されている。白い真四角の袴が後張大口である。

一方、式正では後張大口に長袴を着用し、それを込大口《こみおおくち》とよぶ。込大口は長袴の股裁から大口がはみ出す。大紋・素襖でも式正は込大口とし、その様は室町時代の武家の肖像画によく描かれている（図39）。

大帷　布製・一重で小袖仕立の着衣を帷（帷子）とよび、同じく広袖仕立の着衣を大帷とよぶ。束帯の盛夏の汗取用肌着として着用した大帷は、単同型で、色は赤を原則とする。しかし、出仕直垂姿の大帷はこれとは異なり、直垂同型で糊張とし、色は白を原則とする。出仕直垂姿では、この大帷の上に一重直垂を重ねることが式正となる。

室町時代の直垂　室町時代の直垂は、出仕直垂・鎧直垂どちらも材質は絹製となる。出仕直垂は、平絹・紗・精好などの無文絹地の一重が式正となり、裏打は略儀である。色や文様は自由であり、文様は家紋などを染抜《そめぬき》（染文様）・縫取・箔置《はくおき》（金箔・銀箔による摺文様）などで入れた。一方、鎧直垂は有文絹地の袷を原則とした。これに対し、布製の直垂は大紋・素襖に変化する。

②大紋・素襖・肩衣

大紋　大紋は大紋直垂《だいもんびたたれ》の略称である。材質は布製・一重。無地を原則とし、色に規定はない。布製のために、江戸時代には布直垂《ふのびたたれ》とよぶ。菊綴の位置に結菊綴と同時に大型家紋を染め抜く（図39）。そこで大紋の名称がある。つまり家紋の位置は、後身は背縫、左右奥袖と鰭袖の縫目、前身は左右袖付の五か所である。

図50　折烏帽子に素襖姿（「浅井長政像」より作画）。『図集』より

式正の大紋の構成は出仕直垂同様であり、長袴は白腰で、やはり上下である。なお、長袴も菊綴の位置に結菊綴と同時に大型家紋を染め抜く。つまり家紋の位置は左右股裁の相引と左右膝上の綺目であり、後者の大紋を手《て》置紋《おきのもん》とよぶ。

素襖　素襖は素袍・巡方とも書く。大紋との相違点は、結菊綴と胸紐が韋緒となる点であり、そこで韋緒直垂《かわおのひたたれ》の別称がある。また、袖括が消滅した。材質は布製・一重。ただし、小文染《こもんぞめ》を本義とし、風流染や無地もある。小型家紋を結菊綴の位置に入れた。色はやはり無規定である（図50）。

なお、盛夏には越後《えちご》布《ふ》・貲布《さいみ》・捩子《もじり》などの薄物の布地を用い、これを透素襖《すきすおう》とよぶ。透素襖は盛夏以外での使用は御免が必要であったが、犬追物の射手は四季を通して着用した。

式正の素襖の構成は大紋とほぼ同様であり、やはり上下を原則とし、室町時代で上下といえば素襖を指す。ただし、大紋との相違点は折烏帽子限定である点と上袴が素襖袴《すおうばかま》である点である。

素襖袴　素襖袴も六幅小袴だが、白腰ではなく袴本体と同地（共裂《ともぎれ》）であり、背面に台形状の腰板《こしいた》が付く（図51）。式正は長袴、略儀は半袴である。ともに家紋は左右股裁の相引と腰板に入れ、手置紋はない。のちには相引の家紋も消える。この素襖袴は、肩衣にも継承される。絵画などで直垂・大紋姿と素襖姿を区別するうえで、上袴が白腰か否かは重要な判断基準となる。なお、広袖一幅半の袖口が狭い素襖を小素襖《こすおう》とよび、素襖袴の半袴と上下とした。

肩衣　古代以来、肩衣には様々な様式がある。ここで取り上げる肩衣は、戦国時代初期頃

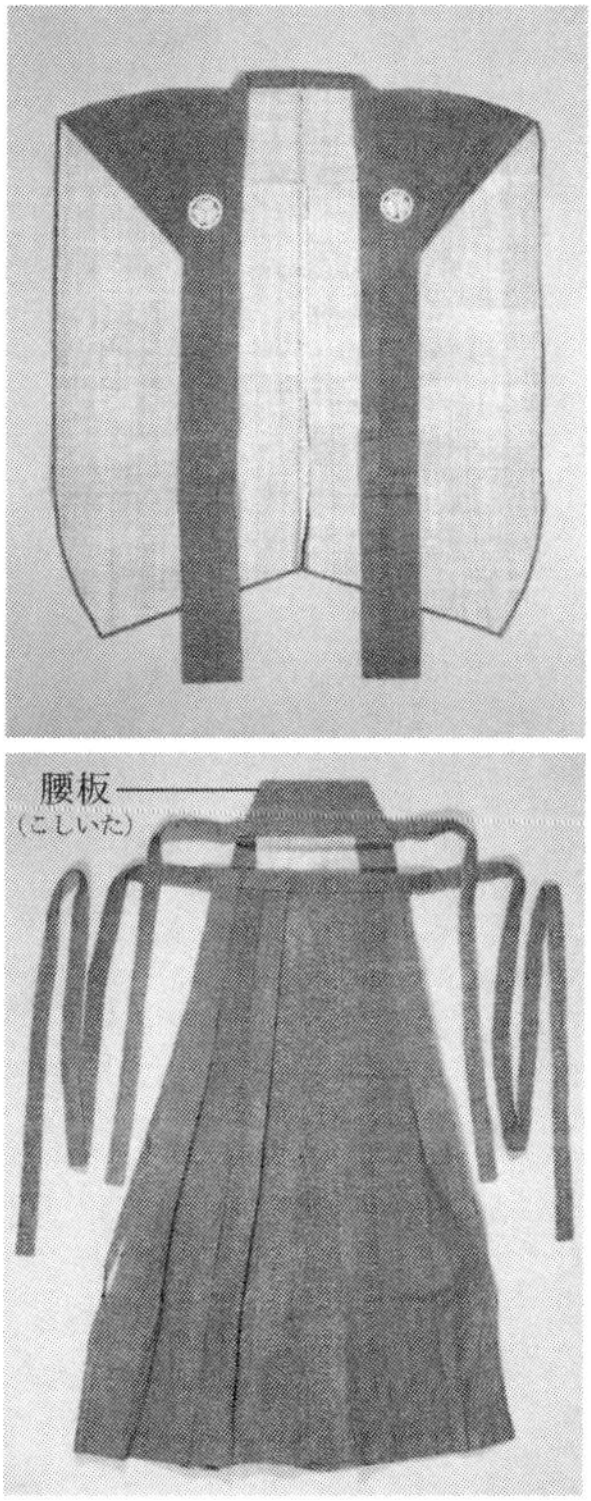

図51　江戸時代の肩衣と素襖袴。『図録』より

図52　肩衣袴姿（「織田信長像」より作画）。『図集』より

から流行し、礼容化・式正化した装束の上着であり、素襖袴と上下で肩衣袴とよぶ。

構造は身二幅・方領・闕腋・腰丈。ここまでは直垂・大紋・素襖と同様である。しかし、無袖である。材質は布製・一重で小文染を本義とし、家紋は背縫と両肩に入れる。

肩衣袴姿の構成は、男子装束ではじめて露頂が式正となり、肌着・下着は重小袖のみである。肩衣に素襖袴を上下で着用し、扇を持ち、腰刀を差し、素足に草履を履く（図52）。

肩衣の起源については諸説があるが、素襖と材質や素襖袴の使用などが共通する点から、素襖からの変化と考えられる。

裃　肩衣袴は、江戸時代には裃とよばれ、「かみしも」が着用法から装束の様式名となる。以下、肩衣袴を裃と表記する。

裃には様々な区別がある。長袴使用を長裃《ながかみしも》とよび、将軍・大名・幕臣目見得《めみえ》（将軍に目通りが叶う身分）以上の式日用とした。半袴使用を半裃《はんがみしも》とよび、長裃使用者は平日用、一般武士には式日・平日兼用である。肩衣と別地の袴使用を継裃《つぎがみしも》とよび、これは私服であるが、特定者（熨斗目《のしめ》小袖着用許可者・鑓《やり》所持通行許可者など）には平日の登城が許可された。また、無文縞地《しまじ》使用の裃を縞裃《しまがみしも》とよぶ。なお、袴を省略して肩衣だけを着用した姿を放肩衣《はなちかたぎぬ》とよぶ。

ところで、江戸時代には肩衣の構造が変化する。前身が極端に狭くなり、両肩は寄襞を入れ、縁に鯨鬚《くじらひげ》（ナガスクジラなどの歯に相当する部位）を入れて横に張り出したものとなる（図51）。時代劇の肩衣はみなこの様式である。なお、鯨鬚は様々な器物の芯などとして使用されている。

江戸武家の服制　江戸武家の服制は非常に複雑である。というのも、特定者が多く身分が複雑だからである。そうしたなかで、恒例の晴儀として元日拝賀がある。その服制には公家とは異なる身分区別の特徴がある。

将軍以下四位宰相・侍従以上が直垂、四位が狩衣、五位（諸大夫とよぶ）が大紋（布直垂とよぶ）。六位以下は武家は叙位されずに無位であり、無位のうち六位相当が布衣（「ほい」と読む）である。以上の被り物はいずれも風折である。布衣以下は、目見得以上が折烏帽子・素襖、目見得以下が長裃である。

つまり公家では束帯という同じ様式の装束を着用し、身分はその上着の色などで区別したのに対し、江戸時代の武家では、装束の様式で身分を区別した。これは非常に興味深い相違である。なお、江戸時代の武家も、将軍以下五位以上の大名は、行事対応で束帯・衣冠・直衣を適宜着用した。

第五章　公家女子の装束

一　女房装束——重袿・裳《も》・唐衣《からぎぬ》

女子装束の筆頭としての女房装束

公家女子装束は、男子装束に比較して単純である。公家女子装束は重袿を共通の下着姿とし、その上に着用するもので装束の種類が変わる。だから、男子のような装束ごとの個別名称はなく、装束の全体名称は説明的であったり、また個別名称もいずれも上着の名称である。そうした公家女子装束の筆頭が女房装束である（図53）。

武家女子の正装

なお、武家女子の着衣は、原則的に公家女子装束の亜流であり、室町時代に武家女子特有の冬の正装として、重小袖に袴を着用せずに帯で腰を束ねた重小袖の着流しに打掛を羽織った打掛姿が成立する。打掛も小袖であり、腰を帯で締めず、打ち掛けるだけなので打掛とよぶ。一方、武家女子の夏の正装は、重小袖を重帷《かさねかたびら》とし、打掛を腰にまとった腰巻姿である。重小袖の着流しは現在の和服の原型であり、この重小袖の着流しに打掛の姿は現在の和装の花嫁衣装に継承される。打掛姿・腰巻姿を装束に含めるかどうかは微妙な問題であるが、本書では装束に含めない。

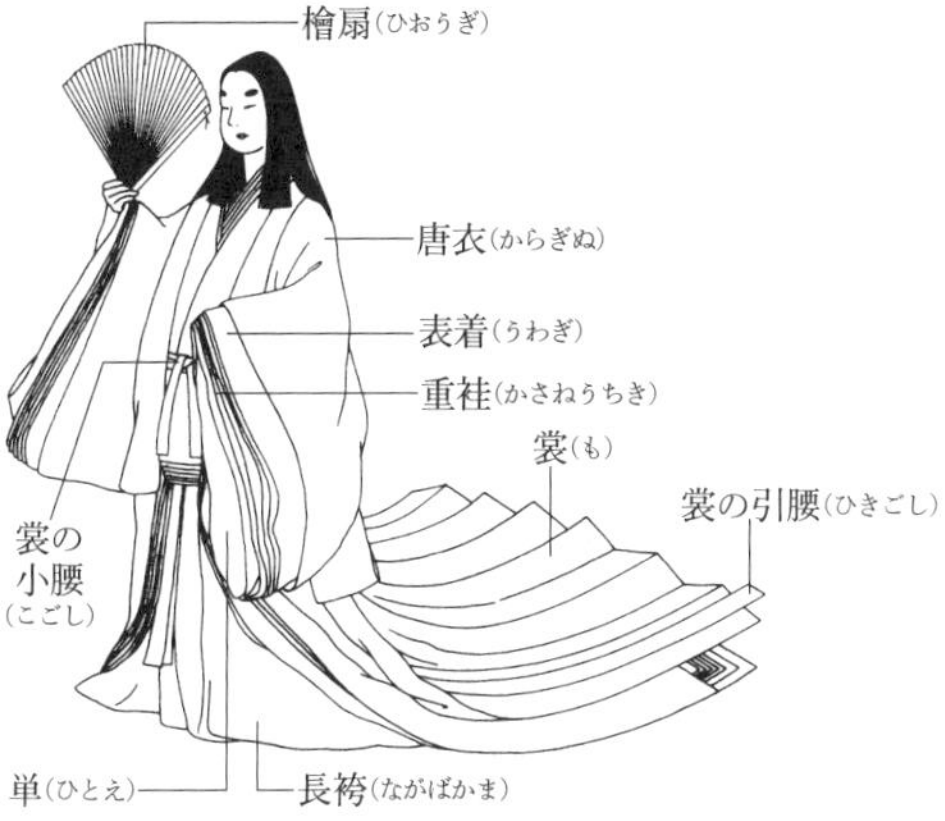

図53　女房装束。『大百科』より

女房とは何か

ところで、女房とは何であろうか。女房とは、現在と同様に自分の妻のこともよぶが、朝廷・院宮・貴族各家などに仕えた女子の総称である。女房の「房」とは、房室つまりプライベートな空間のことで、女房はそれぞれが仕える所に房室を与えられ、そこに住み込んで奉仕した。

このうち女房装束の女房は朝廷に仕える女房である。摂関期以降の朝廷に仕える女房は、天皇に仕える上《うえ》の女房と皇后（中宮《ちゅうぐう》）に仕える宮《みや》の女房に大別できる。

上の女房は、律令制下の後宮十二司《こうきゅうじゅうにし》を継承して朝廷内に様々な職掌で仕えるいわば女性官人である。その代表が内侍《ないし》であり、上位から尚侍《ないしのかみ》・典侍《ないしのすけ》・掌侍《ないしのじょう》・命婦《みょうぶ》・女蔵人《にょくろうど》となり、狭義で内侍といえば典侍や掌侍である。宮の女房は皇后の教育のために付けられた才学ある受領《ずりょう》の子女などで、皇后の父方が選定する場合が多い。清少納言は藤原道隆《みちたか》が娘の中宮定子《ていし》に、紫式部は藤原道長《みちなが》が娘の中宮彰子《しょうし》に付けた宮の女房である。

女房の身分

上の女房は官人であるから身分区別があり、位階・職掌や父親の身分などで上﨟《じょうろう》・中﨟《ちゅうろう》・下﨟《げろう》に区別される。

上﨟は男子の公卿に相当する。尚侍・三位以上の典侍・御匣殿《みくしげどの》（御匣殿別当）や公卿の子女などが相当する。ただし、摂関期以降、尚侍は「きさきがね」とよばれて皇太子妃、御匣殿は天皇の侍妾扱いとなる。なお、上﨟と中﨟の間に小上﨟《こじょうろう》という身分もある。

中﨟は男子の殿上人に相当する。四位以下の典侍・掌侍・命婦や公卿孫女・殿上人や諸大夫の娘などが相当し、女房のほとんどが中﨟である。なお、命婦は奈良時代は五位以上の女子（厳密には五位以上の女官を内命婦《うちの》、五位以上の官人の妻を外命婦《げの》と区別）の総称であったが、摂関期以降は官職名となる。下﨟は女蔵人や摂関家に仕える家司《けいし》の娘などである。男子の地下に相当するが、女房はすべて昇殿勅許者であり、実際には地下はいない。

女房装束の性格

皇后を含めてこうした女房達が着用する装束が女房装束である。女房装束は重袿姿の上に着用する着衣の名称から裳唐衣装束ともよぶ。女房装束は男子の束帯に相当する公家女子の正装であり、やはり奈良時代の朝服が和様化して摂関期に成立した。寛闊化の度合いは男子より激しく、また和様化の過程で礼服の要素も加わった。

束帯が参内には不可欠の室外服であるのに対し、女房装束は御前服であり、室内服である。それなりの身分規定はあるが、束帯ほどの厳しいものではなく、ファッション性が高い装束である。また、女房装束は、肌着から始まる着用過程のなかで、その性格が私服から公服、御前服から物具へと変化する。この点が男子装束とは大きく異なる点である。

①重袿姿

重袿姿　重袿姿は、肌着は本来は長袴と単。強装束以降は長袴の下に肌小袖を着用し、そ

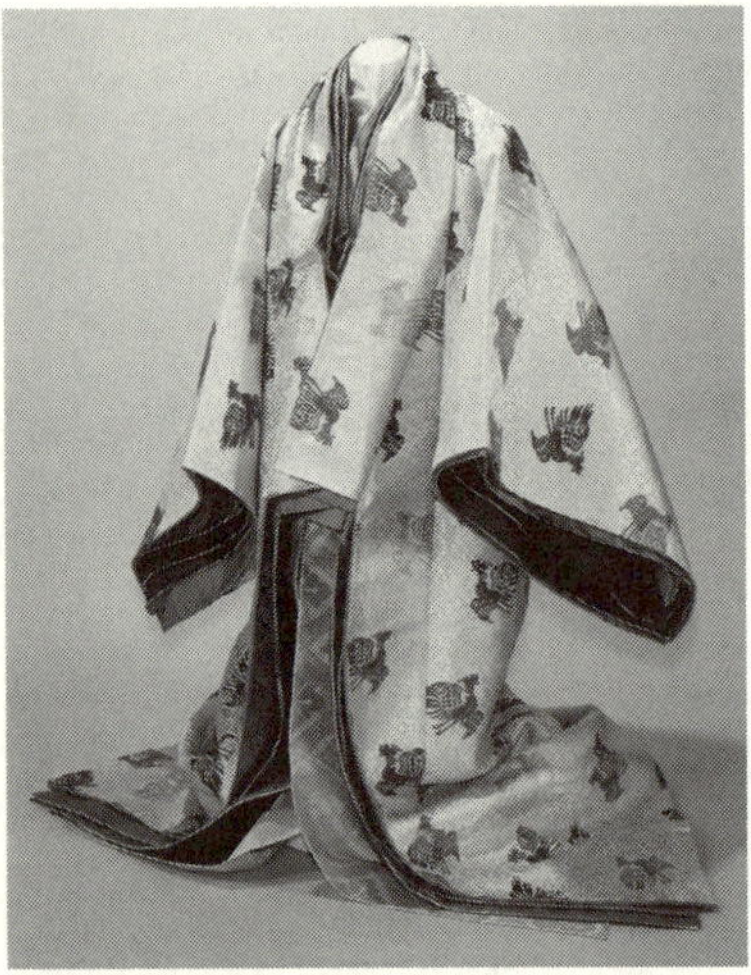

図54　重袿。『図録』より

の上に袿を複数枚重ねる。これが公家女子の私服（日常着）であり、同時にすべての公家女子装束に共通する下着姿である（図54）。

　長袴は御引直衣の袴と同様であり（図37）、構造は六幅・裾長・腰一本の引返の切袴である。腰紐は右腰と左腰で交叉して右腰で結ぶ。材質は平絹。色は赤が原則。晴儀では打や張とする。その色からのちに緋の袴ともよぶ。

　単は、男子用が闕腋・腰丈に対し、女子用は縫腋・裾長である。材質は綾・平絹・薄物など。色・文様は無規定である。

　袿も男子用が闕腋に対し、女子用は縫腋である。重袿の枚数は本来は寒暖や好みに応じて自由であり、特に柔装束では生地が薄織で多くの枚数を着重ねることができた。強装束以降は、薄織の衣を薄衣《うすぎぬ》とよび、女子の禁色となる。

しかし、院政期には、あくまで女房装束の下着としての場合だが、重袿は五枚限定となり、五衣《いつつぎぬ》とよぶ。これに対し、鎌倉時代には五衣よりも少ない二衣《ふたつぎぬ》や三衣《みつぎぬ》は女子の禁色となる。なお、重袿姿は単と重袿で襲色が成立する。

十二単　ところで、現在では女房装束を十二単と通称する。女房装束を十二単とよぶのは戦国時代頃からのようだが、『平家物語』の異本である延慶本《えんぎようぼん》や『源平盛衰記《げんぺいじようすいき》』では、寿永《じゆえい》四年（一一八五）の壇《だん》ノ浦《うら》合戦で建礼門院《けんれいもんいん》平徳子《たいらのとくこ》（高倉天皇皇后）が入水するときの装束を「藤重《ふじがさ》ねの十二単の御衣《おんぞ》」と表現する。これが十二単の初見である。

しかし、これは女房装束のことではない。というのも、重袿姿は、個別には袿の枚数で二《ふたつ》単《ひとえ》や五単《いつつひとえ》と表現する。つまり十二単とは本来は単に袿十二枚を重ねた重袿姿である。建礼門院は日常着で入水したのである。その後、少なくとも戦国時代までに女房装束を十二単とよぶ例はない。したがって、本書では十二単という名称は使用しない。

単重《ひとえがさね》と捻重《ひねりがさね》　重袿姿の特例として、初夏から初秋にかけての暑い時期の晴儀に、暑さ対策として着用された単重と捻重がある。単重は袿の替わりに単を複数枚重ねたもので、旧暦六・七月の盛夏の時期に着用された。捻重は五・八月の重袿の方法である。捻重を解説するためには単をはじめとする一重の衣の縁部分の処理法を解説する必要がある。

着衣の縁部分とは袖口・襟元・褄《つま》・裾などである。一重の衣はそのままでは縁部分の生地がほつれる。そこで、ほつれ防止として「捻る」とよぶ処理をする。その方法に、布糊で縁部分を丸める糊捻《のりびねり》と、小さく折って糸でかがる糸捻《いとびねり》がある。現在でもハンカチなどは糸捻を施す。

捻重は、袷の表地と裏地を縫い合わせず、表地・裏地ともに縁を捻り、表裏を背中だけで縫い合わせた衣を複数枚重ねたもので、縁の部分だけをみれば単重にみえた。

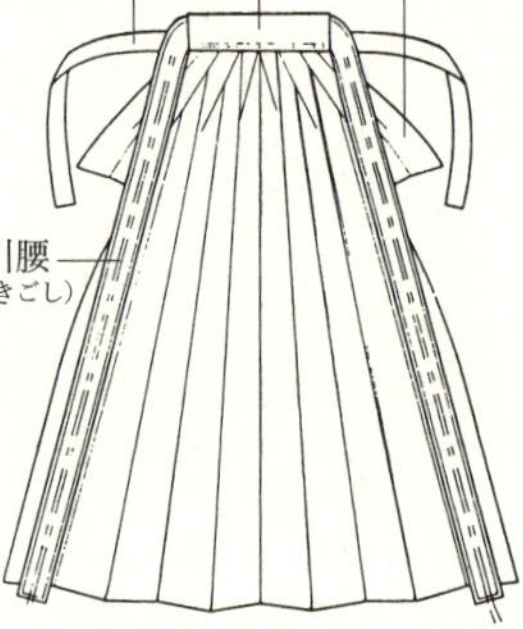

図55　裳図。『図集』より

②裳

構造と材質　次に重袿姿のうえに裳（図55）を着用する。裳の着用で重袿姿は公服となる。女房は内裏では最低でも裳だけは着用しなければならず、重袿に裳の姿は略儀の女房装束である。ただし、女房はこの姿で天皇や皇后の御前に出ることはできない。房室での寛姿《くつろぎすがた》である。裳は成人女子の象徴でもあり、はじめて裳を着用する儀礼を着裳《ちゃくも》（裳着《もぎ》とも）という。

これが女子の元服に相当する。

奈良時代の女子が着用した裙《も》や褶《ひらみ》とよぶ対丈の巻スカートがある。このうち裙が和様化し、巻スカートではなく、背後に引くだけのものになったのが裳である。衣服令によれば、女子の礼服では裙と褶をともに着用し、朝服・制服では裙だけを着用する。礼服の場合、裙と褶のどちらを上に着用するかは、『令集解』の解釈でも意見が分かれている。

裳の構造は、本体（裳）・大腰《おおごし》・引腰《ひきごし》・小腰《こごし》からなる（図55）。本体は八幅・一重の寄襞入。色は白が原則である。材質は綾・薄物・平絹など身分や季節対応で様々であり、綾や薄物の文様は三重襷文様（図11—⑥）や、波を図案化した青海波《せいがいは》文様などである。これらの文様は織文様だが、こうした織文様を地の文様とし、それに摺文様を表《うわ》文様として加える場合がある。摺文様の文様としては、州浜に生い立つ松を図案化した海賦《かいふ》文様や吉兆《きっちょう》文様などがある。この織文様に摺文様を加えた裳を地摺《じずり》裳とよび、女子の禁色であり、上臈だけが着用できた。

大腰・引腰・小腰は、本来は一本であった裙帯《くたい》とよぶ裙の腰紐が三分割したものである。大腰は腰に当たる部分。小腰で裳を腰に着用し、引腰は装飾として後に引きずる。大腰と引腰は、色は白が原則。材質は二陪織物・綾・平絹などを身分対応で用い、文様は窠に霰文様（図11—①）が通常である。また引腰には表差縫を施し、緂染にすることもあった。小腰は本

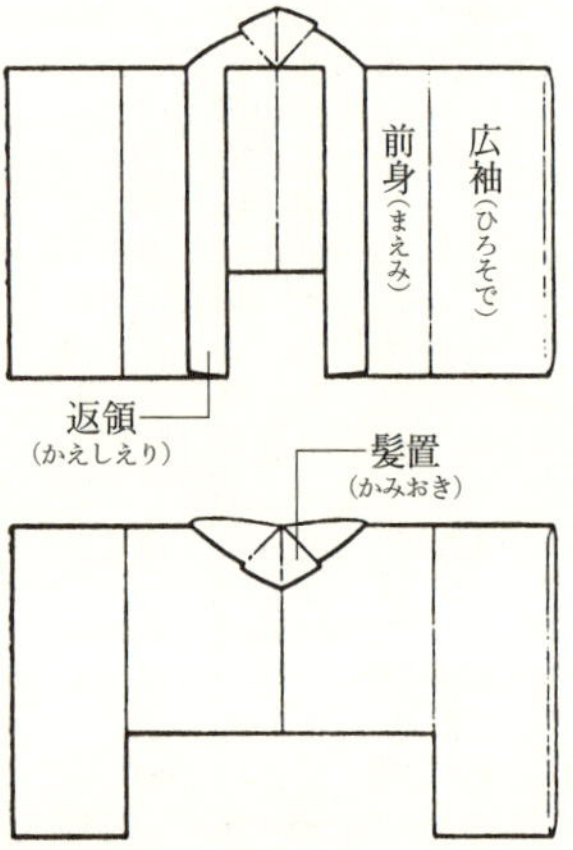

図56　唐衣図（正面・背面）。『図集』より

来は白平絹を原則とした。しかし、鎌倉時代以降、唐衣の表地と同地とするのを原則とした。なお、本来は本体の左右外側に領《あがち》幅《の》とよぶ裙の名残があったが、鎌倉時代末期には消滅する。

③唐衣

構造と材質　重袿・裳の上に唐衣（図56）を着用すると、女子装束は御前服となる。つまり女房は、裳と唐衣を着用してはじめて天皇や皇后の御前に出られた。ここまでが尋常の女房装束であり、女房直衣《にょうぼうのうし》ともよぶ。また、狭義の女房装束とは裳と唐衣のことである。唐衣は衣服令に規定はない。のちに女子の朝服に加わった背子《からぎぬ》とよぶベストが和様化したものである。

構造は身二幅・広袖半幅・方領・闕腋の袷。丈は、前身は袖丈、後身は袖丈よりも短寸という特殊な構造である。また、唐衣は方領を現在のジャケットの襟のように折り返し、裏地をみせて着用する。これを返領《かえしえり》とよび、返領の項《うなじ》部分を髪置《かみおき》とよぶ。

表地の材質は、身分対応で二陪織物・浮織物・綾・平絹など様々。裏地は平絹。色や文様は原則的に自由であり、表地と裏地で襲色が生じる。ただし、赤色・青色の二陪織物の表地は禁色の対象であり、上﨟のみが着用できる。逆にこれらの禁色を勅許されると上﨟になる。男子は身分があって禁色が勅許されたが、女子ではその逆もある。こうした点が女子の身分が流動的なところである。

なお、青色・赤色には染色と織色があり、青色の染色は紫根と刈安を染料とし、織色は経糸を緑、緯糸を黄とする。天皇の青色同様である。赤色の染色は黄櫨と茜を染料とし、位袍の赤色同様である。織色は諸説あり、経糸は紫、緯糸は緋などである。

女房の一番の正装

御前服としての尋常の女房装束の構成のうち、長袴を糊張の張袴《はりばかま》とし、重袿の上に打衣と表着《うわぎ》を着用し、その上に裳と唐衣を着用した姿を晴の女房装束、女房の物具とよぶ（図53）。これが女房装束としては一番の正装である。

束帯の打衣が打衵であるのに対し、女子の打衣は打袿《うちうちき》である。つまり打の処理を施した生地を表地として仕立てた袿である。そこで構造は袿と同型である。ただし、女子の打衣は着用して目立たないように、袿よりもやや小振りに仕立てた。また、色は赤を原則とする。なお、打袿は打掛と混同されることがある。しかし、打掛は重小袖の着流の上に羽織った裾長の小袖であり、広袖仕立の打袿とは別個である。

表着はやはり袿同型で袿よりも小振りに仕立てる。じつは公家女子装束で仕立が最大なのは単である。公家女子装束は裾を引きずる装束であるから汚れが付くが、その汚れは単を最大に仕立てればすべて単に付く。また、涙・汗・鼻水なども単の袖口で拭けば、ほかは汚れない。つまり単を最大に仕立てるのは、汚れをすべて単に付けるためであったと考えられる。単は柔装束では肌着であるから、肌袴ともども男・女ともにもっとも汚れる着衣である。

表着の材質は袿よりも総体的に華美であり、二陪織物・浮織物・綾などを身分対応で使用した。ただし、二陪織物は上﨟と小上﨟だけに勅許された。色や文様は自由であり、表地と裏地に襲色が生じ、表地と裏地の間に中陪《なかべ》とよぶ生地を加えて三重衣《みえのきぬ》とすることもある。

ファッション性の高い襲色

つまり女房装束では重袿・表着・唐衣のそれぞれで別個に襲色がある。女房装束のファッション性の高さを示していよう。そこで女房装束は室内や牛車《ぎっしゃ》の装飾ともなる。室内装飾は御簾《みす》の裾から着重ねた女房装束の袖口や褄を出す。これは実際に女房が着ているわけではない。両袖口と両褄を出したものを打出《うちいだし》、左右どちらかの袖口と褄を出したものを押出《おしいだし》とよぶ。牛車の場合は出車《いだしぐるま》とよび、乗車に関係なく、御簾から女房装束の袖口や裾を出して装飾とした。

着用順が逆になった鎌倉時代

ここまで解説した女房装束は柔装束の本来の様式である。これが鎌倉時代以降は、裳と唐衣の着用順が逆転し、それに合わせて様々な変化が生じた。

まず本来の様式を確認すると、裳・唐衣の着用順であり、裳が公服の条件、唐衣が御前服の条件であり、略儀では裳だけを着用した。裳の前身はスカートであるから当然であろう。

ところが、鎌倉時代には強装束の影響で、裳と唐衣の着用順が逆になり、唐衣を着用してから裳を着用するようになる。同時に唐衣が公服の条件、裳が御前服の条件へと逆転し、略儀では唐衣だけを着用し、しかも裳は垂髪の上に着用した。この状態は鎌倉時代前期成立という『紫式部日記絵巻』に描かれている（図57）。

これは強装束で硬化した生地の唐衣を垂髪を上げてとっさに着脱することが困難になり、

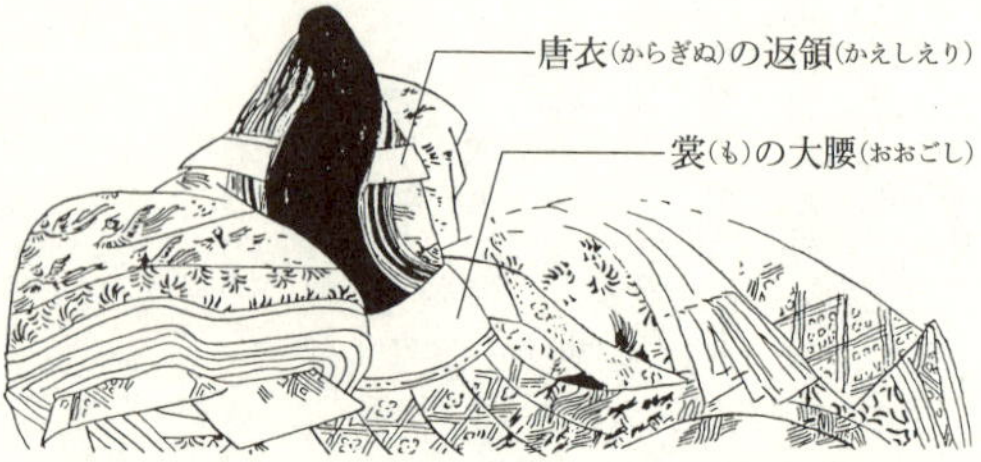

図57　垂髪の上に裳を着用した女房装束姿（『紫式部日記絵巻』より作画）。『図集』より

唐衣をはじめから着用し、とっさに着用する方を裳に替えたわけだが、とっさであるから裳は垂髪の上に着用した。これとともに、裳の小腰が唐衣の表地と同地になる。また、前身は袖丈よりも長寸になる。

ところで、強装束以降、女子装束でも肌小袖が定着する。女子装束では肌小袖が襟元にのぞく。それが重小袖の発達を促した。重小袖が発達すると、その上に着用する重袿は枚数が減少し、やがて着用されなくなる。それが女子装束の簡略化につながった。つまり女房の略儀の装束でいえば、鎌倉時代を通じて、重袿姿、重袿を省略した単袴《ひとえばかま》姿、単も省略した小袖袴《こそでばかま》姿へと簡略化が促進された。小袖袴姿は裸姿《はだかすがた》ともよぶ。

鎌倉末期から江戸時代へ

こうした流れのなかで、裳や唐衣だけのような略儀の女房装束がなくなり、鎌倉時代末期には女房装束は物具だけとなる。その着用法は唐衣の上に裳を着用し、垂髪は裳の上に出す。これははじめから物具として準備して着用できるからである。その状態は、延慶二年（一三〇九）成立の『春日権現験記絵巻《かすがごんげんけんきえまき》』に描かれている（図58）。

南北朝時代以降は、裳の小腰は懸帯《かけおび》に変化する。懸帯は唐衣の表地と同地で、小腰よりも幅広で長く、また刺繡などが施された。その着用は懸帯の先を結んで肩に掛けた。つまり裳が腰に着用するものではなく、マントのように肩に羽織るものに変化した。この懸帯式の裳が江戸幕末まで継承される。

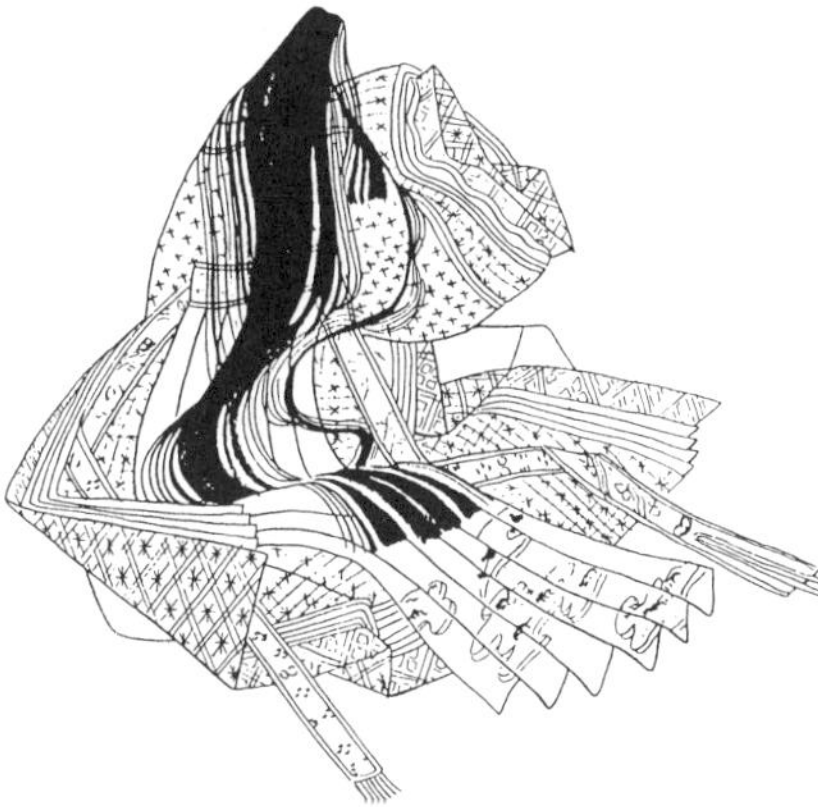

図58　鎌倉時代末期の女房装束姿（『春日権現験記絵巻』より作画）。『図集』より

室町時代には、女子は袴を着用しなくなり、重小袖の着流が普及。宮中でも内々では重小袖の着流の場合もあり、帯が発達し、打掛が成立。既述のように、打掛姿は武家女子の冬の正装となり、重小袖ではなく重帷とし、打掛を腰に巻いた腰巻姿が夏の正装となる。

この武家女子の正装は江戸時代に継承される。江戸時代の女房の物具は、寛永有職の影響で、懸帯式の裳の下に纐纈裳《こうけちのも》という下裳《したも》を腰に着用し、また打衣を五衣の下に着用するなどの特殊様式が生じた。なお、纐纈裳とは、構造は二幅。寄襞が入らず、頒幅が付く。材質は平絹の袷に刺繍を施す。また、略儀では裸姿の変形として大腰《おおごし》姿が成立。これは長袴を大型に仕立て、腰紐を腰で結ばずに右肩に掛けるという変則的なものである。

こうした変則的な方法が江戸時代を通じて行われ、仁孝《にんこう》天皇の天保《てんぽう》十四年(一八四三)に、鎌倉時代末期の様式の女房装束、つまり唐衣の上に裳を着用し、垂髪を裳の上に出した様式が再興され、現在に継承される。

二　その他の公家女子装束

小袿《こうちき》と細長《ほそなが》

重袿の上に着用する上着としては、小袿と細長もあり、また、童女装束として汗衫《かざみ》がある。さらに女子装束は基本的に室内服であるために、外出にはそれにふさわしい着用法がある。

小袿は小型の袿。特に裾が短い。材質は二陪織物が主体。中陪を加えた三重衣にすることも多い。そこで江戸時代には、中陪を加えた三重の袿を小袿とよぶ誤解も生まれた。小袿姿は皇后以下身分上位の一部の女子の日常着である。唐衣の代用として裳の上に着用されることもあり、院政期には小袿の上に唐衣を着用するような混乱も生じた。

細長は、構造は袿とほぼ同様だが、相違点は方領である点である。方領のために衽がなく、全体に細長くみえることから細長とよぶ。細長は成人女子・童女ともに着用したが、成人女子用は闕腋、童女用は縫腋である。成人女子では小袿とほぼ同様の使用で、童女は晴儀に着用した。

なお、身一幅・広袖一幅・盤領・闕腋で、頸上に懸緒が付く水干類似の構造の細長とよぶ着衣もある。これは乳児の産衣《うぶぎぬ》である。

汗衫姿――童女の正装

童に半尻や童水干があるように、童女にも対応する装束がある。それが汗衫である。汗衫には公服と私服があり、それぞれ構成や上着である汗衫の構造を異にした。公服としての汗衫姿から解説する。

宮中奉仕の女子は成人のほかに童女もいた。その童女の正装が公服としての汗衫姿。これ

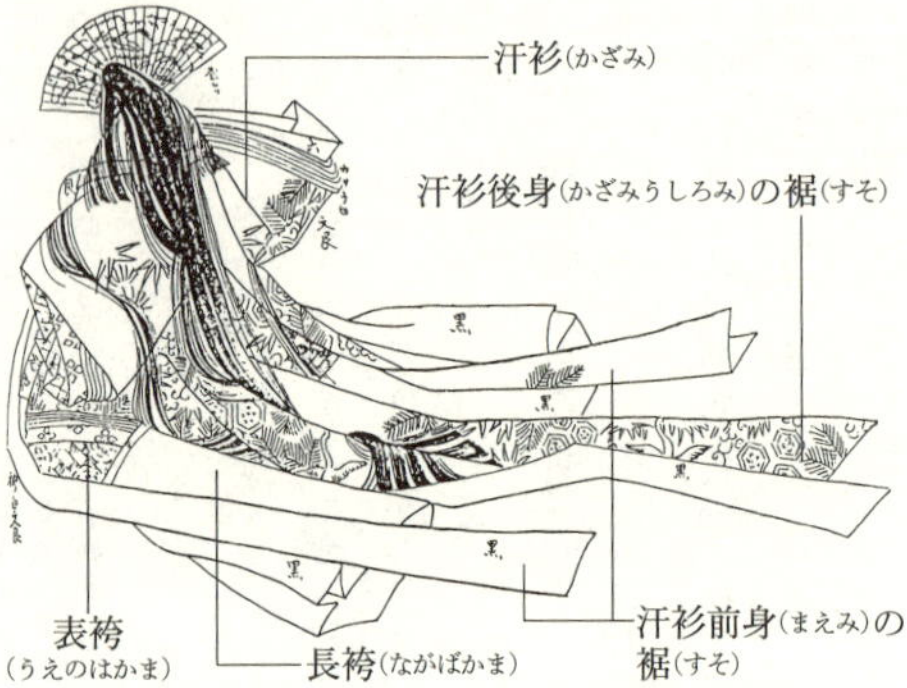

図59　公服の汗衫姿（『承安五節絵巻』より作画）。『図集』より

図60　私服の汗衫姿（『扇面法華経下絵』より作画）。『図集』より

に晴儀用と宿直時などの略儀用がある。

　晴儀用の構成は、張長袴に束帯同様の表袴を着用し、その上に単・打衣・重衵《かさねあこめ》を着用。汗衫を着用して当帯で束ねた（図59）。略儀用は表袴と当帯を省略した。

　打衣は打衵であり、衵とともに縫腋である。丈が短い衵であるのは、成長途中の童女だからである。

　公服の汗衫の構造は、身二幅・広袖一幅半・方領・闕腋・裾長の袷。方領は唐衣同様に返領とする。裾長であるので、公服の汗衫は尻長《しりなが》ともよぶ。材質は、表地は二陪織物、裏地は平絹。中陪を加えることもある。

私服の汗衫は童女の外出着である。成人女子の長袴を対丈にした切袴に単・重袙が童女の日常着であり、その上に着用した（図60）。構造は、身二幅・広袖半幅・方領・闕腋・対丈で袖括がある。公服の汗衫よりも短寸なので尻短《しりみじか》ともよぶ。なお、袖付の肩の部分を綻ばせて「ゆだち」とよび、組紐を通して装飾とした。履物は素足に草履などである。

女子の外出着

室外服である男子装束はそのまま外出着となるが、基本的に室内服である女子装束には外出のための特別な処置や外出着が必要である。それも牛車や輿《こし》などに乗る場合は必要なく、騎馬や徒歩での外出時のものである。そこで騎馬や徒歩での外出をしない身分上位者には必要ない。

壺装束《つぼしょうぞく》　基本は壺装束である。これは重袿の外出用の着用法で、垂髪を袿のなかに着籠めて当帯をし、袿の裾を対丈に端折《はしょ》った（図61）。この端折ることを壺折《つぼお》るといい、そこから壺折《つぼおり》ともよぶ。

構成は、徒歩時には長袴を省略した着流か、また長袴を対丈の切袴に替え、履物は素足に草履などである。騎馬時は、長袴を指貫に替え、履物は毛沓《けぐつ》とよぶ毛皮製のショートブーツ

図62　被衣姿（『石山寺縁起絵巻』より作画）。『図集』より

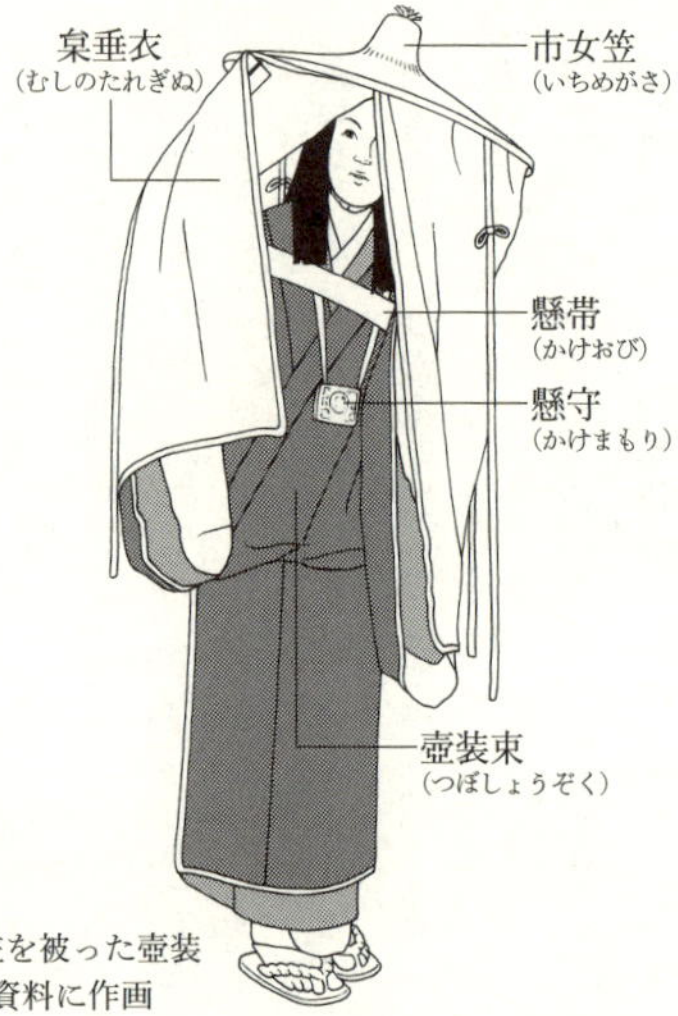

図61　枲垂衣付き市女笠を被った壺装束姿。『日本の服装』を資料に作画

となる。毛沓は武士なども着用した男女兼用の馬上沓である。

市女笠《いちめがさ》　さらに女子は顔面の遮蔽具《しゃへいぐ》・遮蔽着を使用する。その代表が市女笠と被衣《かずき》である。市女笠は菅や竹で編み、中央に巾子型を突起させた笠である（図61）。市女笠といっても男女兼用であり、男子は雨を避ける雨具として使用した。

女子は、笠の周囲に枲垂衣《むしのたれぎぬ》を垂らすこともある（図61）。枲垂衣は、枲《からむし》とよぶ高級な麻製の薄物であり、それを市女笠の周囲に垂らし、顔面の遮蔽とともに虫除けなどとした。なお、正面に開閉部分があり、それを物見《ものみ》とよぶ。

被衣　被衣は頭から被る袿である（図

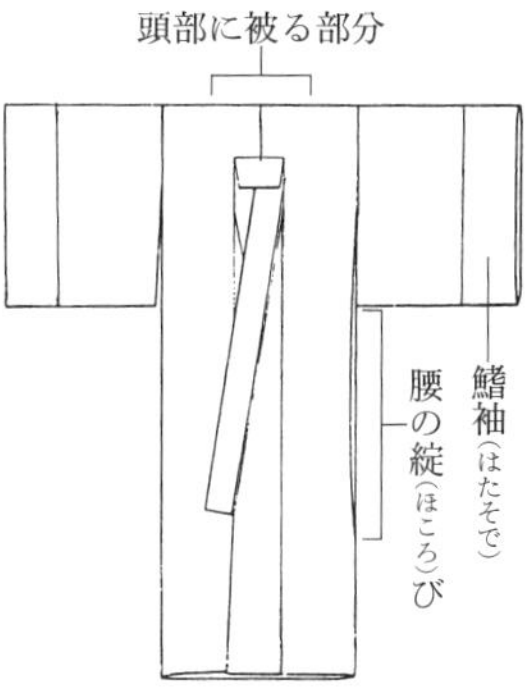

図63　被衣図。『図集』より

62）。だから被衣とよぶ。袖に半幅の鰭袖が付き、また、被衣のなかに垂髪を着籠められるように腰の部分に綻びを設けた（図63）。垂髪を被衣に着籠め、当帯で留めた。この被衣の上に市女笠を被ることもある。なお、鎌倉時代末期以降、小袖仕立の被衣も成立。以後は小袖仕立が主流となる。

懸帯《かけおび》と懸守《かけまもり》　当時の女子の外出の機会としては、寺社参詣である物詣《ものもうで》が多い。物詣では、物忌《ものいみ》つまり精進《しょうじん》潔斎《けっさい》中である標識として、肩から赤地平絹の懸帯を掛け、また懸守とよび、護符などを入れた守袋《まもりぶくろ》を頸に懸けた（図61）。

第六章　法体装束

一　法体の身分

正道法師と入道

次に法体装束を解説する。法体装束には法服・鈍色・裘代・付衣・衣袴・直綴などの種類があり、法体の身分にも関わる装束である。そこでまずは法体の身分について解説する。法体は、出家・剃髪後に僧侶として仏道修行に励む正道法師と出家・剃髪後も俗人生活を続ける入道に大別できる。このうち法体の身分はもっぱら正道法師に対しての身分である。入道には適応されず、入道は出家・剃髪前の俗体時の身分が適応される。また、法皇《ほうおう》（出家・剃髪した上皇）は入道が多いが、一部に正道法師もいる。しかし、法皇は別格であり、正道法師・入道にかかわらず法体の身分を超越する。

正道法師の最高位である門跡《もんぜき》

正道法師の最高位は門跡である。門跡は、皇族や摂関家出身の正道法師であり、のちに室町将軍家出身の正道法師なども加わる。つまり高貴の出自を持つ正道法師である。なお、門跡は門跡寺院の略語。つまり法皇を含む高貴の出自の法体が居住する寺院から転じて、その寺院に居住する高貴な出自の正道法師自身も門跡とよぶ。

皇族出身の門跡は、具体的には法親王《ほっしんのう》や入道親王である。奈良時代までは皇子はすべて親王である。しかし、平安時代には皇子の人数が増加。皇室経済の負担になるので、皇子のなかから母后《ははきさき》（母親）の出自などを基準に、天皇から選別された皇子だけが親王となる。親王に選別されることを親王宣下《せんげ》とよび、親王になるには親王宣下が必要になる。一方、親王宣下されない皇子は、元服後に平氏や源氏などの姓を賜って皇族を離脱。これを臣籍降下《しんせきこうか》とよぶ。また、法体になる皇子もおり、出家後に親王宣下される皇子もいる。この出家後に親王宣下された皇子が法親王である。これに対し、親王宣下後に出家した皇子が入道親王である。

門跡に次ぐ身分である僧綱《そうごう》

門跡に次ぐ法体の身分は僧綱である。律令制では、僧・尼は『養老令』の僧尼令《そうにりよう》で統制され、その僧・尼を統制した僧官が僧綱である。僧綱には僧正《そうじょう》・僧都《そうず》（大僧都《だいそうず》・少僧都《しょうそうず》）・律師《りっし》の四階級があり、摂関期以降に僧正の上に大僧正《だいそうじょう》が加わる。僧綱の各階級に対応する僧位《そうい》（法体の位階）もあり、奈良時代以来の変遷を経て、貞観六年（八六四）に新たに法印大和尚《ほういんだいかしょう》位《い》（法印）・法眼和尚位《ほうげん》（法眼）・法橋上人位《ほっきょうしょうにんい》（法橋）の僧位三階が制定され、僧綱各階級の僧位となる。

摂関期以降、僧綱の職掌自体が形骸化する一方で、権官《ごんかん》（定員外の官員）の僧綱が増加。また、僧位だけを授与される僧綱も出現し、僧綱の人数は増加する。なお、僧綱や僧位は出自には無関係である。また、僧綱以外の一般の正道法師は凡僧《ぼんそう》とよぶ。

ただし、門跡や僧綱が必ずしも高僧とは限らない。むろん高僧は僧綱に任命されたり、僧位を授与されることが多いが、正道法師としての身分と高僧か否かは別問題である。高僧は仏道修行に励んだ徳の高い正道法師であり、凡僧のなかにも高僧は多い。鎌倉新仏教の開祖などはみな高僧だが、身分としては凡僧である。

二　袈裟と念珠

①袈裟

袈裟の意味　俗体装束とは異なる法体装束特有の装身具・持ち物に袈裟と念珠がある。袈裟は、サンスクリット語（古代インド語）で壊色《えじき》（汚れた色）を意味する「kashāya（カシャーヤ)」の音訳である。その起源は、右肩を出して生地を身体に巻き付けて着用する、南アジアの民族衣装であるサリー様式の僧侶の着衣である。これが仏教とともに中国に伝来。着衣の上に装着する装身具に変化する。中国の法体装束についてはよくわからないが、袈裟が、中国で着衣から装身具に変化した理由は、単純に中国の気候では、サリー様式のままでは寒いからであろう。こうして装身具となった袈裟が、仏教とともに日本に伝来する。

なお、袈裟は、質素を旨として壊色の糞掃《ふんぞう》(ぼろ裂《きれ》)を縫い合わせて製作するのが本来だが、中国に伝来して装身具となり、さらに日本へと伝来するにつれ、高級な絹地などを使用した華美なものに変化する。

袈裟の種類　袈裟には、五条袈裟から二十五条袈裟までの奇数条で十一種類ある。十一種類は安陀会《あんだえ》・鬱多羅僧《うったらそう》・僧伽梨《そうぎゃり》に大別され、これを三衣《さんえ》と総称する。安陀会は仕事着で内衣《ないえ》とよぶ。具体的には五条袈裟(図64)である。鬱多羅僧は日常着で上衣《じょうえ》とよぶ。具体的には七条袈裟である(図65)。僧伽梨は正装で、大衣《たいえ》とよび下品《げぼん》・中品《ちゅうぼん》・上品《じょうぼん》の三品《さんぼん》に分かれる。下品は九条袈裟・十一条袈裟・十三条袈裟、中品は十五条袈裟・十七条袈裟・十九条袈裟、上品は二十一条袈裟・二十三条袈裟・二十五条袈裟である。つまり条数が増加するほど、袈裟としてのランクが高くなる。

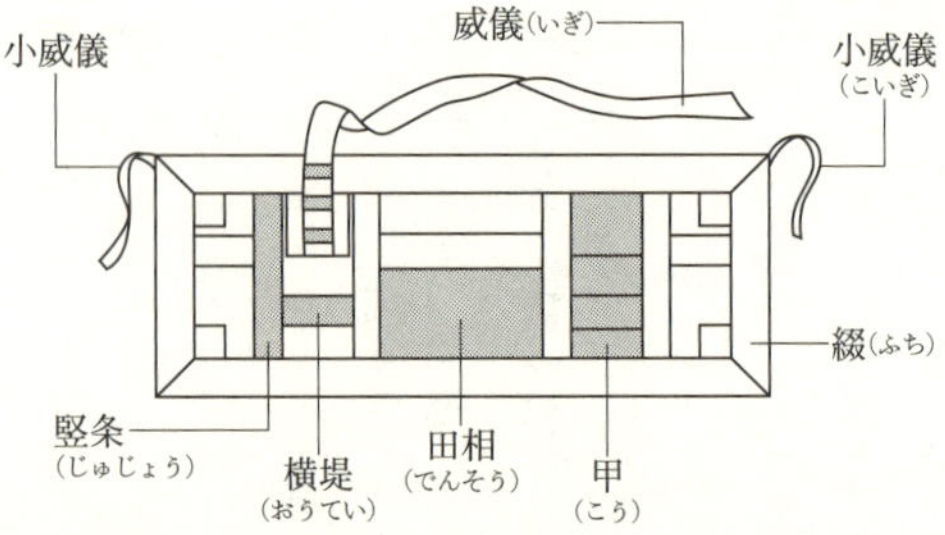

図64　五条袈裟図。『高僧と袈裟』展（京都国立博物館、2010年）配布冊子より作図

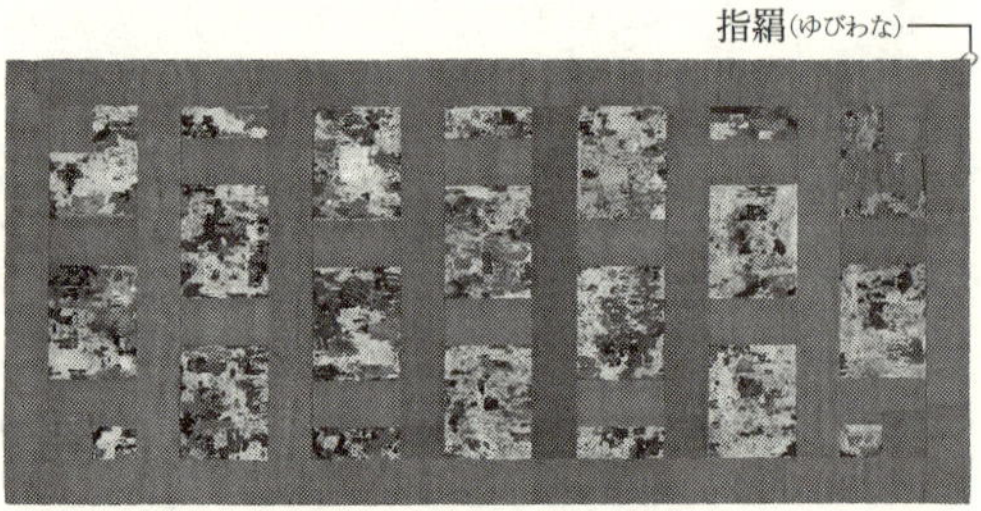

図65　七条袈裟。「健陀縠子袈裟」、京都・東寺蔵

正倉院宝物によれば、奈良時代には十一種類の袈裟がすべて存在したことが類推できるが、その後は、三衣として五条袈裟・七条袈裟・九条袈裟の三種が基本となり、特に法体装束では、五条袈裟または七条袈裟が原則である。なお、日本の袈裟には、頸に掛ける簡略な掛絡《から》袈裟や、修験者《しゅげんじゃ》用の総《ふさ》袈裟などもある。

袈裟の基本構造　袈裟の全体構造は横長の長方形である（図64・65）。本来の壊色糞掃をつなぎ合わせた伝統を継承し、方形の生地を縦横に複数枚縫い合わせて製作する。その基本単位を田相《でんそう》とよぶ。田相は方形の生地であり、これをまず縦に複数枚縫い合わせる。田相ごとの縫い合わせ部分（横筋）を横堤《おうてい》、田相複数枚を縦に縫い合わせた細長い方形生地を甲《こう》とよぶ。

次に甲を横に複数枚並べて縫い合わせる。甲ごとの縫い合わせ部分（縦筋）を竪条《じゅじょう》とよぶ。この甲の枚数が各袈裟の条数となる。つまり五条袈裟ならば甲は五枚となる。

次に四周に縁《ふち》（縁）を取り付け、さらに袈裟装着のための緒所を取り付ける。緒所は、肩紐・受緒・補助緒の三本を基本とする。肩紐は袈裟装着時の基本となる緒所、受緒は肩紐を受けるための羂、補助緒は装着の補助となる緒所である。補助緒の在り方は袈裟の種類で相違する。なお、袈裟背面の装飾として、組紐を飾結とした修多羅《しゅたら》がある。

五条袈裟の構造　五条袈裟は、法服以外のすべての法体装束で装着する（図64）。構造は甲五条。緒所は五条袈裟特有の名称がある。肩紐は威儀《いぎ》（長威儀《ながいぎ》とも）とよび、一本の幅広の緒所を左から二条目の甲の表に取り付ける。受緒は裏威儀《うらいぎ》とよび、幅広の羂を右から二条目の甲の裏に取り付ける。補助緒は小威儀《こいぎ》とよび、細紐各一本を縁上方左・右の角に取り付ける。この左・右の小威儀を結束し、結び目を左肩に掛けて袈裟本体を装着。威儀を背後から左肩に掛け、正面で裏威儀に結束する。そこで五条袈裟では、左肩に小威儀の結び目があり、その結び目が五条袈裟と判断する根拠となる。

五条袈裟の材質　五条袈裟の材質は、田相・横堤・竪条・綴・緒所すべてを同地とし、材質は浮織物・綾・薄物・精好・平絹などと様々である。文様の規定もなく、有文は袷、無文は原則として一重となる。これは、ほかの袈裟や横被でも同様である。色も香《こう》・紫・白・薄墨《うすずみ》などと様々。このうち香は、丁子《ちょうじ》の実の煎汁《せんじる》で染めた茶色に近い色。濃淡などのバリエーションがある。おもに門跡や僧綱などの身分上位の法体の色であり、公家男子装束でも、法会参列時の雑袍や小直衣・狩衣の色ともなる。薄墨は鈍色《にびいろ》・青鈍《あおにび》とも。法体装束でもっとも多用される。露草の花汁で染めた薄い藍色である。服喪用の位袍や雑袍の色ともなる。

七条袈裟の構造　七条袈裟は法服で装着する（図65）。構造は甲七条。緒所は、肩紐は組紐一本または二本を左から三条目または四条目の甲の表に取り付ける。受緒は細い羂を右端の甲裏に取り付け、補助緒は、綴上方右側角や綴右側上部に取り付けた羂であり、これを指羂《ゆびわな》とよぶ。指羂を左手中指に掛けて袈裟本体を装着。肩紐と受緒を結束し、余りは裏に折り込む。指羂を左手中指に掛けていることが七条袈裟と判断する根拠となる。

七条袈裟の種類　七条袈裟には、平袈裟《ひらげさ》・甲袈裟《こうげさ》・衲袈裟《のうげさ》（刺衲袈裟《しのうげさ》とも）の三種類がある。平袈裟は、五条袈裟同様にすべての箇所を同地とし、材質・色・文様なども五条袈裟とほぼ同様である。甲袈裟は、横堤・竪条・綴（つまり筋の部分）を黒、田相を香・紫・青・櫨などの色にする。衲袈裟は、本来の壊色糞掃の状態を再現した袈裟である。織成《しょくせい》（つづら織）とよぶ特殊な織り方の絹地や様々な端裂《はぎれ》を縫い刺した生地を田相とし、壊色糞掃の状態を再現した。

九条袈裟の構造　九条袈裟は、法服でも装着する場合があるようだが、原則として禅僧が禅衣で装着する。構造は甲九条。緒所は、肩紐は組紐二本を左から四条目の甲の表に取り付ける。受緒は金属製や角製などの大型鐶。右から三条目または四条目の甲の裏に取り付ける。補助緒はない。肩紐と鐶を結束して装着し、余りを押し込むだけである。材質・色も特に規定はないらしい。ただし、九条袈裟にも平袈裟・甲袈裟・衲袈裟の三種類がある。もっとも九条袈裟は平袈裟は数少なく、衲袈裟が多い。

②念珠

念珠の構造　念珠は数珠《じゅず》（誦珠）ともよぶ（図66）。左手に持ち、読経時に押し揉んだり、数を数えるために使用する。構造は多数の珠を輪状に連装する。珠は球形と算盤珠《そろばんだま》形があり、前者を丸数珠《まるじゅず》、後者を苛高数珠《いらたかじゅず》とよぶ。法体装束では丸数珠が基本であり、苛高数珠は修験者用である。

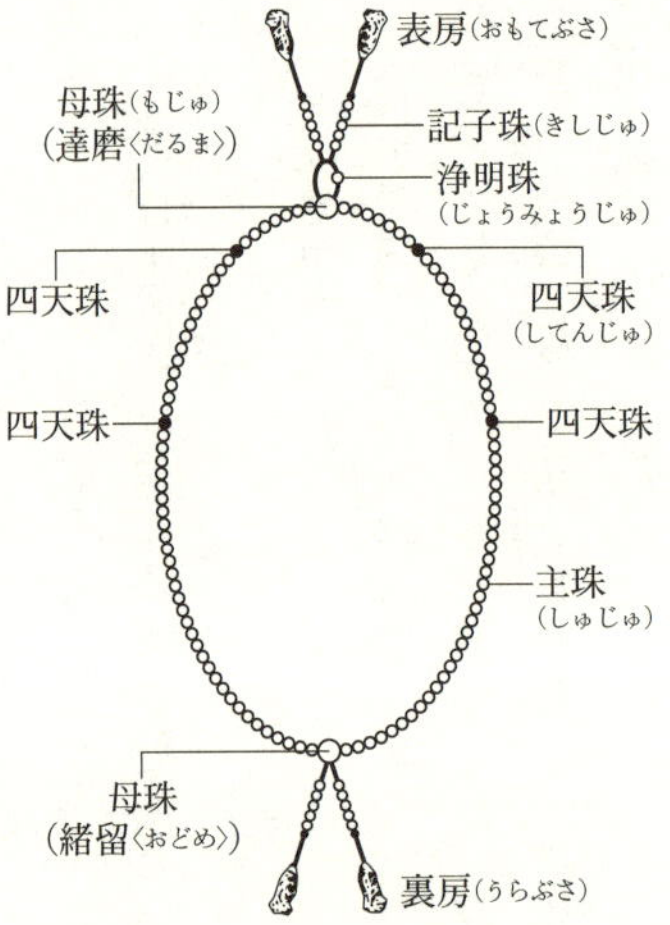

図66　念珠。『大百科』より作図

念珠の珠のうち主体となる珠を主珠《しゅじゅ》とよぶ。主珠の数は、宗派などによる相違もあるが、煩悩《ぼんのう》の数と同じ百八個が正式である。この主珠に母珠《もじゅ》（親珠《おやだま》とも）とよぶ大型の珠一、二個と、さらに四天珠《してんじゅ》とよぶ小型の珠四個を追加する。また、母珠には二筋の房を取り付け、房にも記《き》子珠《しじゅ》とよぶ小型の珠を連装する。

母珠が二個の場合、主珠百八個を半分の五十四個ずつに振り分けた間に加え、所持時に上側（首とよぶ）となる母珠を達磨《だるま》、達磨に取り付けた房を表房《おもてぶさ》とよぶ。一方、所持時に下側（尾とよぶ）となる母珠を緒留《おどめ》、緒留に取り付けた房を裏房《うらぶさ》とよぶ。表房は、房の根本を羂にして母珠に取り付け、その羂にも浄明珠《じょうみょうじゅ》とよぶ珠一個を加える。以上の珠の材質は、無患子《むくろじ》や菩提樹《ぼだいじゅ》などの実、または水晶や硝子玉を使用。琥《こ》珀《はく》・真珠・瑪瑙などの高級品の場合もある。

三　法体装束――法服と鈍色

①法服

法服の構成　法服は法体の正装かつ公服である（図67・68）。朝廷や大寺院での法会で着用し、また、法体の参内時に着用する。法服は皆具の名称であり、公家男子装束の束帯に相当する。

構成は、大口・単・衵・表袴・裳・袍・当帯・横被・七条袈裟・念珠・扇・帖紙・襪・鼻高である。このうち大口・単・衵・表袴・扇・帖紙・襪は、束帯同様かそれに準ずる。ただし、法体装束の上着の襟は垂領ながら僧綱襟《そうごうえり》とよぶ特有の形状となる。僧綱襟は襟幅が広く、着用時に襟背後を三角形状に高く起立させる。それに合わせて、肌着・下着の単や衵の襟も垂領の僧綱襟となる。また、強装束以降、法体装束では、肌小袖は着用せず、肌着として僧綱襟の大帷を着用する。

裳と袍　裳は表袴の上に着用する対丈の巻スカート。構造は十二幅・対丈・腰一本の一重で寄襞入。腰一本を正面で結んで着用する。本書では割愛した冕服や男子の礼服でも表袴の上に褶を着用するが、その褶や女房装束の裳と同根と考えられる。女房装束の裳は背後に引きずるものとなるが、冕服などの褶や法服の裳は巻スカートの様式を継承する。なお、各法体装束で裳の在り方は相違するが、裳の着用も法体装束の特徴のひとつである。

袍は法服の上着である。構造は身二幅・広袖一幅半・垂領（僧綱襟）・縫腋・腰丈。冬は袷。夏は一重である。裳と袍は同地つまり上下に仕立てるのを原則とする。そこで法服を袍裳《ほうも》ともよぶ。色は赤色・香・黒・薄墨など。位色のような厳格さはないが、ある程度の身分区別がある。

法服として最上位の色が赤色である。赤色袍裳は法皇・門跡などが特に晴儀で着用する。冬の裳・袍の表地は浮織物や綾。袍の裏地は平絹。夏の裳・袍は有文薄物。冬・夏ともに文様は小葵文様（図11―③）などである。

赤色に次ぐ色が香である。香袍裳は法皇・門跡を含む僧正以上が着用する。冬の裳・袍の表地は綾。袍の裏地は平絹。夏の裳・袍は有文薄物。文様は無規定。ただし、法皇は菊八葉《きくはちよう》文様など。香に次ぐ色が黒である。黒袍裳は法皇を含めて身分に関わりなく着用する。冬の裳・袍は表裏とも平絹。夏の裳・袍は無文薄物。

最下位の色が薄墨である。冬・夏ともに裳・袍ともに布製・一重。そこで薄墨袍裳は布袍裳ともよぶ。なお、当帯の材質は各袍・裳と同地である。

横被　横被は、七条袈裟と一対となる法服特有の装身具。構造は細長い長方形。本体を鏡《きょう》とよび、四周に縁を取り付ける。下側の縁に緒所として小緒《こお》とよぶ細紐二本を取り付ける。材質は鏡・縁ともに袈裟と同地が原則。装着方法は、小緒を当帯正面に結束。次に左脇下から背面を経て右肩から垂下。次に七条袈裟を装着。背面は袈裟で押さえ、正面は袈裟の前に垂下。つまり右肩を横被で覆う。そこで横被を覆肩《ふっけん》ともよぶ。

扇と鼻高　扇は本来は冬は檜扇、夏は蝙蝠。ところが、中啓が成立すると、中啓が法体装

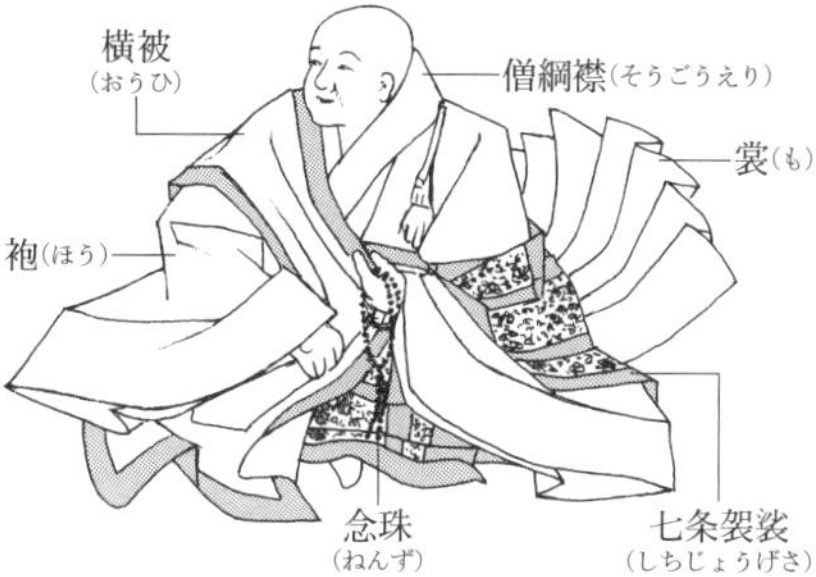

図67　法服姿。佐竹本『三十六歌仙絵』「僧正遍照像」（東京・出光美術館蔵）より作画

図68　法服姿（右）と鈍色姿。『信貴山縁起絵巻』、奈良・朝護孫子寺蔵

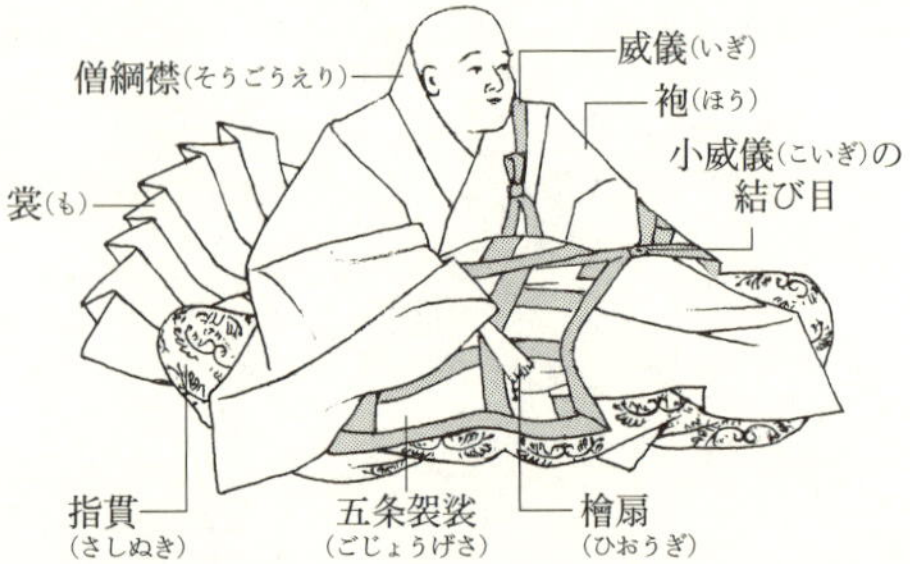

図69　鈍色姿。佐竹本『三十六歌仙絵』「素性法師像」（個人像）より作画

束の冬扇となる。

鼻高は法服特有の履物。本来は爪先が反り返った短沓。天皇の後に甲の部分が盛り上がった短沓に形式化する。天皇の挿鞋とほぼ同型である。法服で鼻高を履く本来的な理由は、裳の裾を踏み付けないようにするためであろう。爪先が反り返った短沓ならば、裳の裾から爪先が出るため、裳の裾を踏み付けない。

②鈍色

鈍色の構成　鈍色も皆具の名称であり、法服に次ぐ法体の正装であり、公服である（図68・69）。公家男子装束の衣冠に相当する。

構成は、下袴・単・衵・指貫・裳・袍・当帯・五条袈裟・念珠・扇・帖紙・素足に草履などである。下袴・指貫は布袴・衣冠・直衣同様。法服との相違点は、横被を装着せず、袈裟は五条袈裟であり。また下袴・指貫を着用する点である。また、履物も相違する。そのほかは法服同様である。

鈍色の袍・裳も上下であり、袍は冬は袷、夏は一重。裳は冬・夏ともに一重。材質は無文絹地。色は香・白・薄墨など。門跡などは香緯白《こうぬきじろ》もある。なお、白袍・裳に白袈裟の鈍色を浄衣《じょうえ》、薄墨袍・裳の鈍色を椎鈍《しいにぶ》ともよぶ。

鈍色の法服化　室町時代には、法服が特別な法会用の装束となり、鈍色や衣袴が法体の日常参内装束となる。束帯と衣冠の関係と同様である。そこで鈍色に大口・表袴を着用し、襪・鼻高を履くこともあった。鈍色の法服化であり、そうなると、法服と鈍色の相違は右肩の横被の有無だけとなる。

図70　裘代姿。「花園法皇像」、京都・長福寺蔵

四　法体装束——裘代・付衣・衣袴・直綴

①裘代

裘代の構造・材質　裘代は裘袋・裘帯などとも書く（図

70）。上着の名称であり、公家男子装束の直衣に相当する。構成は鈍色とほぼ同様だが、裘代は裳を装着せず、また、裘代は法服・鈍色の袍とは構造が相違する。

構造は、身二幅・広袖一幅半・垂領（僧綱襟）・縫腋・有襴・裾長の袷を原則とし、夏は一重もある（図71）。襴は左・右に寄襞を入れた入襴。この入襴が裳に相当する。裘代は、短寸の裳を入襴として裾に縫い付けた上着といえる。材質は浮織物・綾・平絹など。文様は、法皇や皇族門跡は菊八曜文様、その他は様々。色は香・紫・薄墨など。

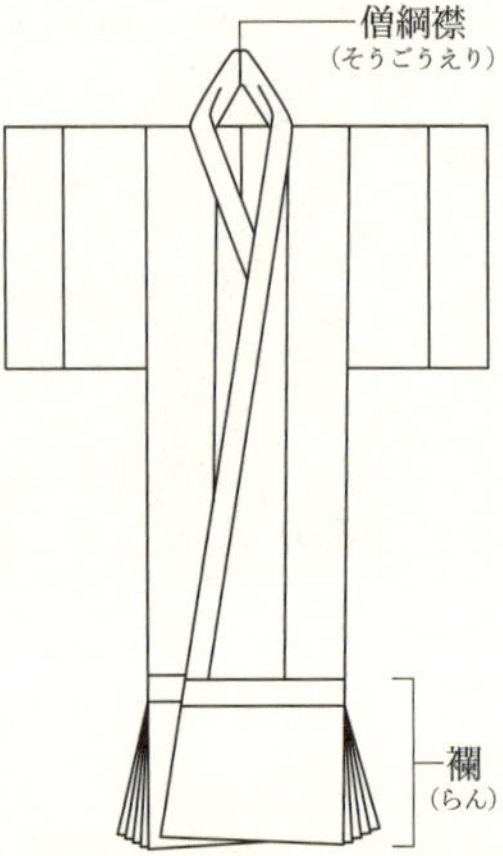

図71　裘代姿（付衣同型）。『国史大辞典』（吉川弘文館、1984年）より作図

裘代は、法皇や皇族門跡などがもっぱら着用し、僧正や大納言以上の公卿であった入道なども着用するが、その場合は勅許を必要とし、勅許を得れば参内も可能となる。

指狩《さしかり》　室町時代には、指狩とよぶ法体装束特有の括袴が成立する。構造は襖袴・狩袴同様。つまり六幅・裾長・腰二本の袷。材質は綾や平絹。文様は八藤丸文様（図11—②）など。色は白や薄墨である。指狩は、下袴を着用せず、肌着として長大帷《ながおおかたびら》を着用する。長大帷は対丈の大帷。指狩に着籠め、その上に単・衵を着用する。

②付衣・衣袴・直綴

付衣の材質と付衣姿の構成　付衣は裳付衣《もつけごろも》の略称であり、やはり上着の名称である。なお、「衣」は、公家装束では「きぬ」、法体装束では「ころも」と訓読する。構造は裘代と同様だが、付衣は一重である。高級な付衣が裘代であるともいえる。なお、付衣は身分にかかわらずすべての法体が着用する。材質は薄物（有文・無文）・長絹《ちょうけん》・布など。長絹は高級な無文絹地。文様は、法皇・皇族門跡は菊、摂関家門跡は牡丹、室町将軍家門跡は桐など。それ以外は様々。色は香・白・薄墨などである。

付衣姿の構成は、肌着・下着として白大口・長大帷・衵を着用し、その上に付衣を着用する。単や上袴は着用しない。白大口に替えて指狩や下袴・指貫を着用する場合もある。その他は裘代同様である。

衣袴の構成と衣の構造　衣袴は皆具の名称であり、公家男子装束の狩衣や水干に相当する。構成は、白大口・肌小袖または長大帷・上袴・衣・当帯・五条袈裟・素足・草履である。上袴と衣の構成なので衣袴の名称がある。上袴は狩袴や指狩。略儀では上袴を省略する。

図72　直綴。京都・栗棘庵蔵

衣の構造は裘代・付衣とほぼ同様だが、闕腋・対丈の一重となる。襟は通常の垂領の場合が多く、僧綱襟の場合もあるが、僧綱襟の場合も襟を立てずに内側に折り込むことが多い。材質は平絹や布。色は薄墨。そこで衣を素絹《そけん》ともよぶ。

衣姿　衣袴姿から上袴を省略した姿を衣姿（素絹姿）とよぶ。衣姿は法体の日常着である。また、剃髪の頭を五条袈裟で覆った衣姿を裹頭《かとう》姿とよぶ。

直綴　直綴は本来は中国禅僧の着衣である（図72）。鎌倉時代に伝来し、禅僧だけでなく入道を中心とする法体や俗体にも普及する。そこで法体装束に含める。

構造は、褊衫《へんさん》とよぶ身二幅・広袖一幅半・垂領・縫腋・腰丈の上着の裾に、裳を縫い付ける。裘代・付衣・衣は、裾に裳に相当する襴を縫い付けるが、直綴は裳自体を縫い付ける。

終章　装束と天皇制

律令制の導入と唐風衣服

装束、特に公家装束の歴史は、有識故実の歴史と軌を一にすることを第一章などで述べたが、一方で、大きくみれば、それは天皇制の歴史とも軌を一にしている。本章では、本書のまとめを兼ねて、天皇制との関わりに注目して装束の歴史を見通してみたい。なお、第一章の内容と重複部分がある点は、あらかじめご了承いただきたい。

まず日本の天皇制の確立に多大な役割を果たしたのは律令制の導入である。律令制とは、隋・唐で発達・完成した皇帝を頂点とする中央集権的官僚機構のことである。七世紀以来、日本でも天皇を頂点とする律令官僚機構の確立を目指し、八世紀初頭には、律令制を運営するうえでの根本法典である『大宝律令』や『養老律令』が制定された。

この律令のなかに衣服令とよぶ規定がある。それは、男女の皇族や律令官人が律令官僚機構内で着用すべき公服に関する規定である。その公服とは礼服・朝服・制服である。

これらの公服は、礼服が漢民族の伝統的な正装であり、また朝服・制服は騎馬民族の着衣に起源を持つというように、きわめて大陸風の衣服である。そして、これらの公服が装束の原点となる。装束の原点は、律令制の導入という日本の天皇制の大きな画期とともに導入されたのである。

しかし、八世紀はいまだ試行錯誤の時代であり、律令官僚機構は未発達であった。律令官僚機構が成立するのは九世紀初頭になってからである。この時に同時に国家儀礼も整備され、唐礼とよぶ唐の儀礼体系が採用された。唐礼の採用は天皇制の唐風化を意味した。

国家儀礼にとって、そこで着用する着衣は重要である。唐礼の採用は公服の面にもおよび、弘仁十一年（八二〇）には衣服令に規定のない天皇・皇后・皇太子の冕服・礼服や朝服が規定された。これは、日本の天皇が大陸風の衣服を着用するという点で、天皇制唐風化を象徴する出来事である。

律令制の変質と装束の成立

しかし、九世紀初頭に成立した律令官僚機構は、九世紀末にははやくも変質する。律令官僚機構の枠組は残しながらも、宣旨職や殿上人などの新しい官職や新しい身分秩序が発展・成立したからである。これは律令制の日本的な変質であり、ここに摂関制が成立する。摂関制では天皇とのミウチ関係がともかく重視され、天皇に関わるすべてのことが公となった。これは天皇権威が頂点に達したことを示すが、逆に天皇は権力者ではなくなった。天皇が権力者でなく、最高権威者になったことが、天皇制が現在まで存続している最大の要因と考えられるが、それはともかく、ここで天皇制はまた大きな画期を迎えた。

そして、公服の面では摂関期に朝服の和様化が促進され、束帯や女房装束をはじめとする様々な公家装束が成立する。法体装束もこれに含まれる。言い換えれば、律令制から摂関制へという天皇制の画期のなかで、はじめて「装束」が成立したのである。

父系を基軸とした院政と強装束

こうした装束に大きな変化が訪れたのが院政期である。それまでの柔装束から強装束へと装束の様式が変化する。以後の公家装束は強装束様式を基礎として推移し、現在まで継承されている。強装束の成立・流行は公家装束のうえでそれほど大きい変化であった。

この強装束の成立について、院政期に成立した『今鏡《いまかがみ》』とよぶ歴史物語によれば、後三条《ごさんじょう》天皇の孫である源有仁《ありひと》(一一〇三〜四七)が創始したという。また、『平家物語』には「六波《ろくは》羅様《らよう》」(平清盛《きよもり》の平氏様式という意)という装束様式に対する言葉がみえる。この六波羅様はいわば当時大きく台頭した武士様式の代表といってもよいが、それが強装束の成立・流行に大きな影響をあたえたという説もある。強装束の成立・流行の要因として、平氏を代表とする武士の影響を考えるわけである。しかし、院政期に強装束の成立・流行という現象がおきたという事実は当時の様々な文献からわかるが、その原因や理由についてはたしかなことはわからない。今のところ流行というしかない。

しかし、天皇制との関わりで考えると、天皇の母方の父（外戚《がいせき》という）が摂政や関白となり、摂政が幼帝の代理として、また関白が成人天皇の補佐として権力を持った摂関期に対し、院政期は、譲位した天皇の父つまり天皇家（研究者の間では「王家《おうけ》」という）の家父長権を持つ上皇が権力者として執政した時代である。

摂関制も院政も変質しながらも明治維新まで存続するが（院政は実質的には光格《こうかく》院政まで）、摂関制から院政への転換は、摂関制の成立につぐ天皇制にとっての大きな画期である。この画期である院政期に強装束が成立・流行したのである。天皇にとって、摂関制が母系を基軸としたのに対し、院政が父系を基軸としたと考えれば、母系の柔装束に対し、父系の強装束という発想もできるかもしれない。

いずれにしろ強装束の成立・流行は、院政の成立・発展と軌を一にした。強装束は源有仁がはじめたという『今鏡』の説話は、有仁が院政成立の基礎を作った後三条天皇の孫である点を考慮すると、強装束が院政とともにあることを象徴しているのかもしれない。

明治政府と装束の終焉

その後の公家装束は、すでにふれたように強装束様式を基礎として推移する。装束と天皇制との関わりでいえば、江戸時代初期の後水尾天皇による寛永有職の復興様式、幕末の光格天皇以降の復興様式を本来の様式（柔装束様式）に近づけようとした再興様式などがあるが、やはりもっとも大きな画期は明治維新である。

まず明治天皇の即位式では、平安時代以来、戦国時代の中絶を経ながらも存続してきた冕服が廃止された。明治天皇の即位式は、時の権力者であった岩倉具視《いわくらともみ》の意向を反映し、それまでの伝統を崩した即位式である。冕服の廃止もその一環であり、即位式での天皇装束は黄櫨染束帯となり、現在に継承されている。冕服の廃止は中国風だからという理由である。天皇制唐風化の象徴であった冕服が、ほぼ千年後に中国風であるという理由で廃止されたのは歴史の皮肉といえよう。

そして、明治時代には天皇制が「欧風」化されてしまう。それに伴い、天皇以下の着衣は洋装が正装となる。こうして、装束の時代は終わりを告げたのである。

装束の現在

和服でさえ日常的にはほとんど見かけなくなった現在、装束などはもはや遠い過去の遺物と考えている読者は多いであろう。しかし、装束の命脈はいまだ保たれている。

一般的に装束をもっとも目にしやすいのは、テレビドラマや映画・舞台であろう。しかし、それらでみられる装束は厳密には本物の装束とはいえず、あくまで小道具としての架空の衣装にすぎない。

それに対して、舞楽や能・狂言の演者や奏者は、変形したものを含めて現実の装束を着用している。また、大相撲の行司は、江戸時代では裃姿であったが、現在では折烏帽子に鎧直垂姿である。なお、行司の小袴の裾括は、現在では大針・小針様式である。これは現代の様式であり、歴史的には籠括が正しい。また、舞楽の装束をのぞき、能・狂言や行司の装束はいずれも武家装束である。

一方、公家装束はどうであろうか。最近では昭和から平成、さらには平成から令和への転換期に、昭和天皇の大葬《たいそう》の礼、平成天皇（現上皇）と現天皇の即位式と大嘗会、また、現天皇や秋篠宮の元服式や婚礼などの皇室の大行事が続いた。そこでは本物の公家装束が着用され、テレビなどのマスコミを通じて一般にも公開された。

これらは特別な例である。しかし、あまり一般には知られていないが、天皇・皇后以下の皇族はこうした特別な時以外にも、宮中で行われている一部の行事で装束を着用する。欧風化したとはいえ、現在でも皇室と装束との関係は強いのである。

また、もっと身近な例では葵祭《あおいまつり》や時代祭などの祭礼では装束が着用されるし、また職業として装束を着用する代表が神職であろう。

明治時代以降、神職の正装は衣冠（衣冠単）となり、一般的な祭祀には立烏帽子に狩衣が例となった。筆者の母校の國學院大学には、神道文化学部があり、神職養成の課程もある。そこでは衣冠単や狩衣などの装束の着用法を習得する講座も開かれている。

このように、装束の伝統はいまだ守られているのである。

主要参考文献

装束関係史料

『群書類従』装束部
『続群書類従』装束部
『古事類苑』服飾部
『改訂増補故実叢書』（明治図書出版　一九九三年）のうち、『歴世服飾考』『装束集成』『装束図譜』『織文図譜』『冠帽図絵・礼服着用図・鎧着用次第・装束着用図・女官装束着用次第・服色図解』『鳳闕見聞図説・安政御造営記・宮殿調度沿革・調度図会・室町殿屋形私考・家屋雑考・服飾管見』『大内裏図考証』

装束関係専門書・論文等

鈴木敬三『初期絵巻物の風俗史的研究』吉川弘文館　一九六〇年
歴世服装美術研究会編『日本の服装　上』吉川弘文館　一九六四年
鈴木敬三「熊野速玉大社の御神宝」（『國學院雑誌』六五―一〇・一一〔合併号〕一九六四年）
河鰭実英『有職故実』塙書房　一九六〇年

河鰭実英編『有職故実図鑑』東京堂出版　一九七一年
鈴木敬三「扇面法華経冊子の風俗」（秋山光和・柳沢孝・鈴木敬三『扇面法華経の研究』鹿島研究所出版会　一九七二年）
京都国立博物館編『国宝阿須賀神社伝来古神宝』京都国立博物館　一九七二年
関根真隆『奈良朝服飾の研究』吉川弘文館　一九七四年
室伏信助・小林祥次郎・武田友宏・鈴木真弓編『有職故実』（角川小辞典）角川書店　一九七八年
石村貞吉『有職故実　上・下』（講談社学術文庫）講談社　一九八七年（初版一九五六年）
國學院大学神道資料展示室編『高倉家調進控装束織文集成』國學院大学　一九八三年
市岡正一『徳川盛世録』（東洋文庫）平凡社　一九八九年（初版一八八九年）
毎日新聞社編『復元の日本史　王朝絵巻』毎日新聞社　一九九〇年
毎日新聞社編『復元の日本史　合戦絵巻』毎日新聞社　一九九〇年
鈴木敬三編集解説『古典参考資料図集』國學院高等学校　一九九二年（初版一九八八年）
河上繁樹『公家の服飾』（日本の美術三三九）至文堂　一九九四年
丸山伸彦『武家の服飾』（日本の美術三四〇）至文堂　一九九四年
鈴木敬三『有識故実図典』吉川弘文館　一九九五年（初版一九五〇年）
仙石宗久『十二単のはなし』婦女界出版社　一九九五年
鈴木敬三編『有識故実大辞典』吉川弘文館　一九九六年
鈴木敬三編著『古典参考図録』國學院高等学校　二〇〇二年（初版一九七八年）

高田倭男『服装の歴史』(中公文庫) 中央公論新社 二〇〇五年(初版一九九五年)

装束以外の専門書

山中裕『平安朝の年中行事』塙書房 一九七二年
下橋敬長(羽倉敬尚注)『幕末の宮廷』(東洋文庫) 平凡社 一九七九年(初版一九二二年)
橋本義彦『平安貴族』平凡社 一九八六年
藤田覚『幕末の天皇』講談社 一九九四年
古瀬奈津子『日本古代王権と儀式』吉川弘文館 一九九八年
大津透『古代の天皇制』岩波書店 一九九九年

筆者の装束関係専門書・論文

『日本古代の武具』思文閣出版 二〇一四年
『天皇の装束』(中公新書) 中央公論新社 二〇一九年
「布衣始について」(『日本研究』四二 二〇一〇年)
「「おほぎみ姿」について」(山中裕編『歴史のなかの源氏物語』思文閣出版 二〇一一年)
「『法体装束抄』にみる法体装束」(『立命館文学』六二四 二〇一二年)
「布袴について——『殿暦』を中心として——」(木本好信編『古代史論聚』岩田書店 二〇二〇年)

あとがき

筆者はこれまで武具・戦闘や武士関係の四冊の著書を公にしてきたが、本書ではじめてこれまでとは異なって装束を扱った。じつは筆者は、大学の教壇に立ってから十数年、「有職故実」の授業として、武具よりも装束の方をはるかに多く講義している。これに対し、原稿や講演会・カルチャーセンターからの依頼は、武具や戦闘に関することばかりである。

主に一般社会人を対象とする講演会やカルチャーセンターでは、武具や戦闘の話も関心をもって聞いてもらえる。しかし、大学の学生にとっては、武具や戦闘の講義よりも装束の講義の方が関心が高いようである。装束の方が履修者の数が多いし、講義中の学生の反応もどちらかといえば装束の方が良いような気がする。

これは、筆者がこれまで講義してきたのがもっぱら文学部（本務校にはないが）であり、女子学生の方が多いことにもよるだろう。また、武具、特に甲冑などは構造が複雑な分、説明がどうしてもマニアックでミクロの方向に行きがちだからかもしれない。そうした大学での装束に関する講義ノートを中心にまとめたのが本書である。

著者の装束に関する知識は、主に恩師である故鈴木敬三の大学・大学院での講義や、主要参考文献で掲げた先生の著作物、特に『初期絵巻物の風俗史的研究』や先生の遺稿集とでもいうべき『有識故実大辞典』（ともに吉川弘文館）から学んだ。その知識を基礎に筆者の見識や理解でまとめなおしたのが講義ノートである。むろん講義ノートは毎年少しずつだが修正している。

なお、第一章では、主要参考文献のうち装束以外の専門書で掲げた、各氏の著作を参考にさせていただいた部分がある。特に弘仁年間に天皇の礼服《らいふく》が制定されたことを天皇唐風化の画期とみる視点は大津透氏の見解であり、日本の律令制の変遷過程については、主に古瀬奈津子氏の著作を参考にさせていただいた。明記して学恩に謝する次第である。

ところで、筆者の研究主題は、神社などの各所に伝世してきた工芸遺品を日本史学の資料としてどう利用するかにある。これまでは、現在では美術品として扱われている武具という伝世工芸遺品を実用品として捉えなおし、そこから武士の成立問題や、歴史的な武具の使用法にからめて中世の戦闘実態などについて考えてきた。

そうしたスタンスは本書でも変わっていない。装束をあくまで実用品として捉えて、日本史の流れのなかで説いてきたつもりである。

ただし、武具は刀剣や甲冑を中心として多くの遺品が伝世している。また儀仗《ぎじょう》も春日大社（奈良市）や厳島神社（広島県廿日市市）などには平安時代に遡《さかのぼ》る遺品が伝わっている。しかし、装束は、正倉院に装束の原型となる奈良時代の衣服が残されているが、平安時代に遡る遺品は皆無であろう。

中世に遡る遺品も、公家装束では、鶴岡八幡宮（神奈川県鎌倉市）伝世の鎌倉時代の単《ひとえ》と袿《うちき》三領と小袿《こうちき》があり、ついで熊野《くまの》速玉《はやたま》大社（和歌山県新宮市）に、明徳《めいとく》元年（一三九〇）に足利義満が奉納した装束類が伝世し、また、同じ時に熊野速玉大社の摂社《せっしゃ》である阿須賀《あすか》神社（新宮市）に奉納された装束類が、京都国立博物館の所蔵となっている。さらに、熱田《あつた》神宮（名古屋市）には、長禄《ちょうろく》二年（一四五八）に足利義政が奉納したという装束類が伝世している。

ちなみにこれらの遺品は、儀仗は神宝《じんぽう》として、また装束は祭神のための神服《じんぷく》として、伊勢神宮（三重県伊勢市）で有名な式年遷宮などの造替《ぞうたい》（社殿の建て替え）の際に奉納されたものである。広い意味ではこれらの装束類も神宝といわれることが多い。

一方、武家装束では、広島の湯川家伝来で大塔宮護良親王下賜《おおとうのみやもりよししんのうかし》と、山口の毛利家伝来で足利義輝《よしてる》下賜という二領のともに赤地錦の鎧直垂《よろいびたたれ》（前者は東京国立博物館蔵、後者は防府毛利報公会〔山口県防府市〕蔵）が著名である。

その他にも少しあり、また熊野速玉大社の遺品は膨大な数であり、近世以降の遺品はもっと多いが、それでも武具の伝世数に比べれば装束の遺品は限定されている。

本書の内容理解のためには図版が必要である。図版について、筆者は、自身の研究主題からしても、原品主義を取りたかったが、中世に遡る遺品が少ないという事情に加え、著作権や新書としてのコストの関係で、おもに復元品の写真や、鈴木敬三先生が絵巻物や肖像画などから自ら模写された図を利用させていただいた。復元品については國學院高等学校（東京都渋谷区）の所蔵であり、復元品の写真と鈴木先生による模写図は、先生編著の『古典参考図録』と『古典参考資料図集』（ともに國學院高等学校発行）から転載させていただいた。ここでも鈴木先生の学恩を被っているわけである。

また、絵巻物や武具関係の一部図版では原品の写真を掲載させていただいたものもある。なお、名称は筆者の見識で一部指定名称とは変えたものがある。

國學院高等学校をはじめとする関係諸機関には、深く感謝の意を表する次第である。

最後になったが、本書の編集では、平凡社新書編集部の及川道比古氏にお世話になった。

記して謝意を表する。

二〇〇六年十一月

近藤好和

平凡社ライブラリー版 あとがき

拙著『装束の日本史』(以下、旧版)の平凡社ライブラリーでの再版を、平凡社編集部の安藤優花氏より書面で打診されたのは、本年の一月末であった。その最初の面談の日が首都圏は大雪で、面談日を変更したのを覚えている。

すでに絶版となった旧版とその姉妹版である『武具の日本史』(平凡社新書、二〇一〇年)を再版できないかと漠然と考えていたので、そこに旧版再版の打診は渡りに船であり、快諾申し上げた。当初の計画では本年七月か八月に脱稿、十二月に刊行の予定であったが、五月に脱稿し、七月に初校が出て、十月に刊行となった。まことに順調にことが運んだ。

このライブラリー版(以下、本書)は旧版の改訂・増補版である。全体にわたって改訂・増補しているが、特に大きく改訂したのは第一章「有識故実の歴史」であり、同じく大きく増補したのは第六章「法体装束」である。

その改訂・増補部分は、旧版後に刊行の拙著『天皇の装束』（中公新書、二〇一九年）と相互関連がある。ただし、『天皇の装束』で取り上げたのは、上皇・法皇を含む天皇関係の公家男子装束が中心であり、天皇に関わらない武家装束や女子装束は取り上げていない。また、扱った時代も奈良時代に遡る部分もあるが、摂関期から室町時代前期頃までが中心となる。

これに対し、本書は、時代は摂関期から江戸時代、さらに現在におよび、また、公家男子装束に武家装束と公家女子装束を含む旧版に、さらに法体装束を増補したことで、すべての装束を取り上げた内容となっている。もっとも『天皇の装束』で詳しく取り上げた冕服・礼服については、本書では割愛した。冕服・礼服については『天皇の装束』を御覧いただきたい。

なお、法体装束を中心に『天皇の装束』での記述内容の一部を、本書で訂正した箇所がある。また、主要参考文献は旧版のままとし、旧版刊行後に刊行・発表した本書の内容に関わる拙著・拙稿だけを追加するにとどめた。旧版の「あとがき」はそのままである。

ところで、旧版を刊行してから今年で十七年になる。その間に私の人生にも色々なことがあった。まず二〇一四年から母の介護がはじまった。二〇二〇年頃からは介護も厳しさを増し、母をひとりにして自宅を長時間留守にすることはできなくなった。しかし、同時にコロナ禍となり、当時担当していた複数の大学の授業がすべてオンラインとなったために、幸いにも授業は続けられた。しかし、二〇二二年度からは各大学で通常の対面授業にもどることになり、介護しながら通勤はできないので、二〇二二年三月で大学講師の職はすべて辞退。同時に学会なども随時辞めていった。また、趣味のパワーリフティングもジムに行けなくなり、自宅でのトレーニングに切り替えた。

ところが、同年十二月に母が亡くなった。享年九十四である。最終的死因は老衰だが、直接の原因は誤嚥性肺炎である。私は介護施設や介護士などに頼らず、私ひとりで母を自宅で介護してきた。母はレビー小体型認知症で、最後はほとんど寝たきりであったが、誤嚥性肺炎は私がもっと注意していれば避けられたことであり、その点で、今でも少し後悔がある。私は母の介護を負担に思ったことはなく、もっと長生きしてほしかった。

ともかく母が亡くなり、七七日の追善法要と納骨が済んだ矢先の二〇二三年二月、まず左耳の突発性難聴を発症。続く四月に舌がんの手術、さらに今年五月には脳腫瘍（良性髄膜腫）の手術を経験した。本書の脱稿を早めたのは、この脳腫瘍の手術前に脱稿したかったからである。幸いにもいずれの疾患も発見・処置が早く大事に至っておらず、現在は問題なく暮らしている。しかし、それまでほとんど縁がなかった病院と深い縁ができてしまった。もっとも、突発性難聴で耳鼻科を受診したことが舌がんの早期発見に繋がり、舌がん手術後の定期検診で脳腫瘍が早期発見できたのであり、突発性難聴からすべて繫がっている。今後の定期検診は舌がんと脳腫瘍の両方となり、医療費はかかるが、新たながんや脳卒中の早期発見に繫がると前向きに考えている。一病息災とはまさにこのことである。また、母を介護中に病気にならなくて本当に良かったと思っている。母を介護中ならば、入院などしていられない。

こうした一方で、無職となったために、それまで週に三日ほど都内まで往復ほぼ四時間（大学によっては六時間も）かかっていた通勤時間がなくなり、また、母の介護が終わったために、毎日何時間も原稿を書く時間が持てるようになった。私は残念ながら大学の専任教員にはなれなかったので、私の研究を受け継ぐゼミ生などはいない。自分の研究は著書として書き残していくしかない。書き残せば、いつかはそれをもとに研究を受け継いでくれる若い研究者も現れるかもしれない。旧版と『武具の日本史』の再版を考えたのも、そうした思いがあってのことである。そうしたなかでの本書執筆の打診は嬉しかった。

その一方で、本書執筆の打診を受けた時期に、旧版と『武具の日本史』の内容を合わせ、両者の応用編ともいうべきもっと専門性の高い著書の原稿を執筆中であった。旧版・本書・『武具の日本史』は各装束や武具の解説の根拠をほとんどあげておらず、また図版も少ないが、この新稿は各装束や武具の解説の根拠として、肖像画や絵巻物の描写さらに遺品を多数引用しているのが特徴である。それも三月には脱稿した。この新稿が刊行されれば、私の有職故実研究の集大成に近いものとなるはずであり、本書や『武具の日本史』で装束や武具の基礎知識を学んでから、新稿に進んでいただければ、装束や武具がより深く理解できるはずである。しかし、現在のところ、新稿刊行の目途は立っておらず難航している。

また現在、『古代文化』という雑誌に『江家次第』の註釈を連載中である。この連載を一書にまとめれば、やはり私の有職故実研究の集大成に近いものとなるはずである。この連載原稿も『江家次第』の註釈としてひとつの区切りがつくところまで脱稿している。また、まだ不確実だが、こちらは幸いにも刊行の話が進行中である。

母が亡くなってから、色々と病気はしたが、全体としては、人生はなんとなく良い方向に向かっているように感じる。母が守ってくれているのかもしれない。

さて、本書で増補した第六章では新たな図版も追加した。図版掲載をご許可いただいた関係諸機関には深く御礼申し上げる。また、最後になって恐縮だが、本書の刊行を打診し、編集を担当して下さった安藤優花氏には感謝しかない。ここに明記して、やはり深く御礼申し上げる。

近藤好和

二〇二四年七月十三日

画像提供
京都国立博物館（図65、70）
奈良国立博物館（図68）

[著者]

近藤好和（こんどう・よしかず）

1957年神奈川県生まれ。有識故実研究家。國學院大學大学院文学研究科博士課程後期単位取得。博士（文学・広島大学）。神奈川大学大学院歴史民俗資料学研究科特任教授、国立歴史民俗博物館・国際日本文化研究センター客員教授などを歴任。専攻は有識故実。著書に『弓矢と刀剣』『中世的武具の成立と武士』『騎兵と歩兵の中世史』（以上、吉川弘文館）、『源義経』（ミネルヴァ書房）、『武具の日本史』（平凡社新書）、『日本古代の武具』（思文閣出版）、『朝廷儀礼の文化史』（臨川書店）、『天皇の装束』（中公新書）などがある。

平凡社ライブラリー 976

増補《ぞうほ》 装束《しようぞく》の日本史《にほんし》 有識故実《ゆうしよくこじつ》の基礎知識《きそちしき》

発行日…………2024年10月 4 日　初版第 1 刷

著者……………近藤好和

発行者…………下中順平

発行所…………株式会社平凡社

〒101-0051　東京都千代田区神田神保町3-29

電話　(03)3230-6573［営業］

ホームページ　https://www.heibonsha.co.jp/

印刷・製本……中央精版印刷株式会社

ＤＴＰ…………平凡社制作

装幀……………中垣信夫

ISBN978-4-582-76976-0